MAQUETES

Editorial Gustavo Gili, SL
Via Laietana 47, 2°, 08003 Barcelona, Espanha. Tel. (+34) 93 322 81 61

Editora G. Gili, Ltda
Av. das Comunicações, n° 265, Mod. A07 e A06, Setor 1, sala 2
Bairro: Industrial Anhanguera – Osasco – CEP: 06276-190 -São Paulo -SP -Brasil.
Tel. (+55) (11) 3611-2443

MAQUETES

A REPRESENTAÇÃO DO ESPAÇO NO PROJETO ARQUITETÔNICO

Lorenzo Consalez

Edição original
L. Consalez, L. Bertazzoni, *Modelli e prospettive.*
© Ulrico Hoepli Editore S.p.A., Milano, 1998

Diretora da edição: Esther Pereira da Silva, arqta.
Versão portuguesa de Daniela Maissa, arqta.
Revisão técnica por Maria Luiza Tristão de Araújo, arqta.
Desenho da capa de Toni Cabré/Editorial Gustavo Gili, SL

1ª edição, 9ª impressão, 2020 (impressão digital)

Qualquer forma de reprodução, distribuição, comunicação pública ou transformação desta obra só pode ser realizada com a autorização expressa de seus titulares, salvo exceção prevista pela lei. Caso seja necessário reproduzir algum trecho desta obra, seja por meio de fotocópia, digitalização ou transcrição, entrar em contato com a Editorial Gustavo Gili.
A Editorial Gustavo Gili não se pronuncia, expressa ou implicitamente, a respeito da exatidão das informações contidas neste livro e não assume qualquer responsabilidade legal em caso de erros ou omissões.

© Editorial Gustavo Gili, SL, Barcelona, 2001
A edição portuguesa está formada pela primeira e a segunda parte da edição original de acordo com a autorização da Ulrico Hoepli Editore e dos autores.

Impresso na Espanha
ISBN: 978-85-8452-002-2
Depósito legal: B. 18594-2017

Dados Internacionais de Catalogação na Publicação (CIP)
(Câmara Brasileira do Livro, SP, Brasil)

Consalez, Lorenzo
  Maquetes : a representação do espaço no projeto arquitetônico / Lorenzo Consalez; versão portuguesa de Daniela Maissa.
  -- São Paulo : Gustavo Gili, 2014.

  Título original: Modelli e prospettive.
  ISBN 978-85-8452-002-2

  1. Maquetes arquitetônicas I. Título.

14-09696   CDD-720.228

Índices para catálogo sistemático:
1. Maquetes arquitetônicas 720.228

ÍNDICE

Introdução

PRIMEIRA PARTE

A maquete de arquitetura *(Lorenzo Consalez)*

1 Conceitos introdutórios e escalas de representação
    1.1 A maquete de arquitetura 3
    1.2 O papel da maquete hoje 3
    1.3 Maquetes de estudo 4
    1.4 O projeto da maquete 5
    1.5 Maquetes volumétricas e maquetes analógicas 6
    1.6 A construção da maquete 7
    1.7 Escalas de representação 9

2 A escolha dos materiais
    2.1 O significado expressivo dos materiais 11
    2.2 Maquetes de madeira 14
    2.3 Maquetes de papel e cartolina 17
    2.4 Maquetes de plástico e materiais heterogêneos 19
    2.5 Maquetes analógicas 21
    2.6 Outras maquetes de um único material 23

3 Instrumentos e materiais
    3.1 Instrumentos 24
    3.2 Colas 24
    3.3 Cores 26
    3.4 Materiais 28

SEGUNDA PARTE

A construção da maquete *(Lorenzo Consalez, Chiara Wolter)*

4 O terreno
- 4.1 Cortes do terreno 33
- 4.2 Terreno inclinado 35
- 4.3 Terreno urbano 40

5 As paredes
- 5.1 Volumes simples 44
- 5.2 Definição arquitetônica parcial 47
- 5.3 Definição detalhada 51

6 As coberturas
- 6.1 Coberturas inclinadas 58
- 6.2 Coberturas planas 61
- 6.3 Coberturas curvas 62
- 6.4 Coberturas metálicas 65
- 6.5 Coberturas transparentes 66
- 6.6 Pérgolas 67

7 As aberturas envidraçadas
- 7.1 As janelas 70
- 7.2 Estufas e vidraças 75

8 O revestimento 77

9 Os interiores
- 9.1 Escadas 84
- 9.2 Decoração fixa de interiores 87

10 Arranjos exteriores e pavimentos
- 10.1 Pavimentos exteriores 91
- 10.2 Água 95

11 A vegetação e as árvores
- 11.1 Superfícies 100
- 11.2 Elementos lineares
  (cercas vivas e alinhamentos em grande escala) 103
- 11.3 Elementos pontuais (árvores) 104

Fontes das ilustrações 109

Introdução

A representação do projeto de arquitetura abrange um campo extremamente vasto de conhecimentos técnicos e expressivos. Como instrumento torna possível a descrição analítica das características construtivas e das operações necessárias para passar do projeto à realização. Portanto o nível de comunicação que requer é especializado, e utiliza linguagens, códigos e convenções acessíveis apenas a quem possui um conhecimento profundo da matéria.

A descrição analítica e técnica não consegue esgotar a exigência da representação, já que a comunicação do projeto requer instrumentos que facilitem a compreensão de forma sintética tanto das idéias como do conteúdo. Este segundo nível de comunicação supera o campo dos principiantes na profissão e abre-se também aos usuários, clientes e, em geral, a um público com pouca experiência sobre os códigos técnicos.

O objetivo deste manual é a representação tridimensional através de maquetes. Um campo que tradicionalmente se encarrega de tornar compreensíveis as relações espaciais, os volumes, os materiais, as cores e, em geral, as características de um espaço e de um ambiente que ainda não existam ou se encontrem longe, e portanto não são acessíveis pela experiência direta. O texto tem um caráter preferencialmente didático já que está destinado a estudantes de arquitetura e de design.

Consideramos especialmente útil introduzir uma reflexão profunda sobre a comunicação do projeto, seja pela exigência prática de responder a uma pergunta que nasce no interior das universidades e das escolas, seja pelo especial papel na formação que reconhecemos no exercício da transmissão das próprias idéias.

Este manual apresenta um tipo de texto muito específico. Restabelece um saber prático particularizando os seus componentes de modo a descrever, passo a passo, o procedimento necessário para obter um resultado complexo da soma de operações simples. Justamente esta é a estrutura escolhida nas partes descritas no texto. Porém é evidente que as operações necessárias para obter uma representação requerem também um grau de síntese personalizado adequado aos objetivos comunicativos prefixados. Esta operação não é técnica, mas sim mental. O manual deve portanto, não só conter a descrição de **como** realizar uma determinada parte, mas também conseguir transmitir o **porquê** da escolha de uma possibilidade entre muitas outras. Trata-se de uma verdadeira operação projetual e como tal não pode ser descrita através de uma receita. É muito mais útil, segundo a nossa opinião, mostrar o desenvolvimento e a variedade das diversas escolhas através de exemplos e analogias.

Por isso neste texto estão presentes, seja nas partes específicas seja no interior dos capítulos operativos, exemplos e descrições de algumas experiências profissionais e didáticas recentes das quais transparece de maneira evidente a relação entre os materiais e o tratamento da representação, e o tipo de arquitetura que descrevem. A intenção é enfatizar que as escolhas da representação estão estreitamente ligadas com as escolhas do projeto.

Também foi atribuída especial importância ao papel operativo da representação tridimensional. A utilização de maquetes integradas no processo do projeto pode converter-se em uma importante confirmação da validade das soluções do próprio projetista, ou pode, até mesmo, sugerir-lhe diversas alternativas no estudo dos volumes, dos materiais e das cores. De certa forma, o que desejamos enfatizar é que o hábito da comunicação do projeto torna-se de grande ajuda não só na transmissão da informação, mas também na elaboração das idéias.

A importância da utilização de maquetes na representação dos projetos é determinada por duas razões fundamentais. Em primeiro lugar, devido à especialização geral do desenho técnico introduzida pela utilização do computador, as técnicas tradicionais de representação sintética parecem ter adquirido uma nova vitalidade, pela sua própria capacidade de assumir de modo imediato as características de um projeto complexo. Por outro lado, nas instituições de ensino, a utilização de técnicas alternativas e de hábitos de composição associadas a estas é pouco freqüente. No entanto é de extrema importância para o estudo das técnicas de desenho e da elaboração das maquetes de arquitetura. Consideramos de notável interesse a interpretação das técnicas de síntese material, habitual nas escolas do norte da Europa, que encontram uma aplicação válida também nas escolhas dos materiais para utilizar nas maquetes. Nos capítulos relativos ao arranjo dos espaços exteriores, aos materiais e à vegetação descrevemos a utilização destas técnicas.

A decisão de privilegiar a técnica tradicional na parte operativa do texto é uma escolha didática e, ao mesmo tempo, prática. Neste sentido, este livro oferece uma aproximação à representação tridimensional que pode ser imediatamente operativa, favorecendo em conseqüência a descrição de metodologias que limitem a utilização de equipamento informático e mecânico e que permitam uma resposta o mais precisa possível às escolhas de representação mais comuns.

Primeira parte
A maquete de arquitetura

Conceitos introdutórios e escalas de representação | 1

1.1 A maquete de arquitetura

Antecipação de realidades futuras e simultaneamente objetos de preciosismo artesanal, as maquetes exercem um fascínio e um interesse onde a dimensão técnico-operativa e os conteúdos lúdicos se sobrepõem. São simultaneamente objetos de estudo, instrumentos de representação e resultados autônomos formais de um processo criativo que pode, em casos extremos, resumir na própria maquete todo o conteúdo da pesquisa do projeto do autor. Entretanto, o motivo principal de interesse reside na importância que esta forma de representação assumiu na arquitetura, seja na relação com os tradicionais modos da comunicação do projeto, seja no quadro das novas condições que a utilização do desenho assistido por computador introduziu.

Superado o período no qual a arquitetura desenhada, bidimensional, parecia esgotar o imaginário da pesquisa dos arquitetos, assistimos a um crescente interesse pelas formas de representação tridimensional. E é curioso como o renascer deste interesse é acompanhado pelo desenvolvimento das aplicações e da difusão da "tridimensionalidade virtual" dos programas de desenho e reprodução por computador. É útil perceber de que forma os dois fenômenos interagem e como, em conseqüência, a atualidade da representação-modelo se nutre da progressiva especialização e setorização que o desenho assistido por computador introduziu no processo do projeto.

1.2 O papel da maquete hoje

"A necessidade de tridimensionalidade e de materialidade nos sistemas de representação levou, nos últimos tempos, a revalorizar o papel da elaboração de maquetes, entendido como uma antecipação tridimensional, da proposta de arquitetura em escala reduzida".

Esta afirmação, contida em um recente ensaio escrito por ocasião do seminário ocorrido na Università di Reggio Calabria, *L'immagine mediata dell' architettura*,[1] está relacionada com o reconhecimento nas correntes mais recentes da produção do projeto de arquitetura de dois fenômenos que são o resultado das diversas condições geradas pela utilização do computador: "o processo de síntese em relação com as atitudes operativas do projetista",[2] ou seja, o resultado da progressiva especialização das competências, que gera uma maior con-

1.1

centração nas atitudes puramente disciplinares; e "a formação de técnicas mecanizadas do papel",[3] ou seja, a possibilidade de representar um projeto em partes separadas onde cada uma descreve uma fase muito específica da totalidade do processo.

É claro que estas tendências, que tornam factíveis operações extremamente complexas no ponto de vista da realização, formulam o problema da visão e do controle do conjunto do projeto. A conseqüência é uma crescente necessidade de instrumentos de representação e de síntese, entre os quais a maquete, que torna imediatamente compreensiva uma leitura do conjunto. Além disso, o papel da maquete transcende à simples descrição sintética do projeto que se pretende representar em pelo menos dois aspectos. O primeiro consiste no papel operativo que a maquete assume durante o desenvolvimento do projeto: a essência, ou seja, comprovar a solução do projeto que somente a verificação tridimensional pode confirmar ou colocar em crise. A segunda reside na expressividade que caracteriza a maquete como objeto, ou seja, a sua autonomia formal em relação com o projeto que representa. O valor do objeto e a possibilidade imaginária e lúdica –induzidos pela redução de escala e pela "possibilidade de instituir pontos de vista irreais e privilegiados"–[4] e são componentes insubstituíveis dentro do ponto de vista do observador. A maquete deve revelar capacidade de síntese para conseguir representar a essência do projeto na redução da escala. E simultaneamente ter habilidade técnica para representar "as linguagens indiretas derivadas das múltiplas escolhas operativas sobre materiais, técnicas construtivas, cores, tratamento de superfícies, em função de um conhecimento compositivo".[5]

1.3 Maquetes de estudo

As características descritas acima estão presentes de forma evidente em pequenos instrumentos de projeto que são as maquetes de estudo. Estas devem conter não só a forma extremamente sintética que as caracteriza, mas todos os conteúdos expressivos que permitam a descrição do projeto. Como tal,

1.2

1.1 H. Nijric e H. Nijric. Estudo de implantação sobre um declive. Maquete de estudo de isopor. Escala 1:200.

1.2 R. Cecchi e V. Lima. Concurso para a reordenação do Spreebogen. Maquete de estudo de cartolina. Escala 1:1.000.

1.3 A. Paladdio. La Rotonda (maquete de madeira de G. Sacchi). Escala 1:50.

1.4 Maquete de papel microondulado, cartolina, madeira e plexiglas. Escala 1:500.

requerem uma extrema intencionalidade e conhecimento das características fundamentais do projeto. Para garantir sua eficácia, requerem que a descrição seja capaz de separar (e representar) somente as características realmente determinantes para o sentido e o reconhecimento do representado (fig. 1.1).

É significativo que, ao contrário das maquetes de apresentação que são realizadas por encomenda e portanto fora do atelier do projetista, as maquetes de estudo sejam realizadas exclusivamente no interior da estrutura de projeto devido ao seu valor instrumental (fig. 1.2).

1.4 O projeto da maquete

É evidente que a sobreposição de significados e conteúdos mediáticos da maquete envolva a necessidade de um raciocínio de projeto específico para cada caso e, em particular, sobre dois aspectos determinantes: a *forma* e a *matéria*.

Em relação à *forma*, tema analisado detalhadamente no capítulo correspondente deste manual, é importante escolher o tipo de maquete que se pretende realizar já que a redução da escala de representação faz com que a utilização da maquete seja profundamente diferente da realidade que ela descreve. Como na prática a maquete não pode ser percorrida como o edifício real, senão que oferece uma vista seletiva, é importante escolher a escala e os cortes adequados à presença de partes removíveis ou abertas, que possibilite uma hierarquia na leitura do projeto que esteja baseada nas características compositivas e distributivas do próprio projeto. Disto deriva a realização de um objeto que existe, como é o caso das maquetes de corte, somente no mundo da representação mas que não corresponde tipologicamente com nenhum edifício real. Simplesmente descreve seletivamente algumas vistas e algumas características (fig. 1.3).

O argumento da *matéria* apresenta-se sob um duplo aspecto. Primeiro, a escolha do material ou materiais em consonância com o tipo de maquete que se pretende realizar (de estudo ou de apresentação) e a relação que existe entre o material da maquete e

1.3

1.4

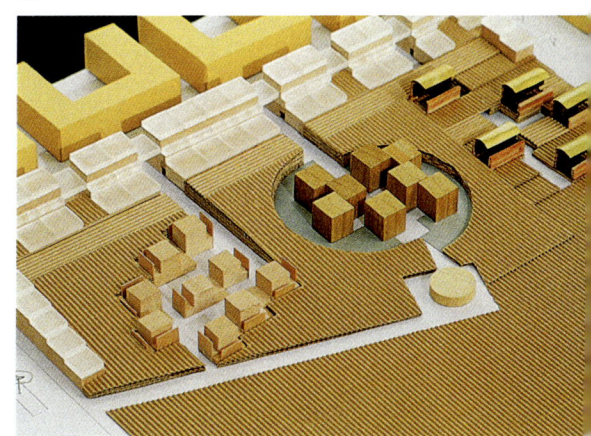

as escolhas do projeto. Segundo, a caracterização da *natureza dos materiais das partes da maquete*. A representação oferece a possibilidade, especialmente em projetos que se referem às maquetes do projeto-programa, de descrever em termos topológicos as diversas partes, esquecendo as características físicas e geométricas dos materiais e portanto, em última análise, a sua caracterização exata. Na prática, a utilização de dois cartões, o primeiro rugoso de material reciclado, e o segundo liso e de cor uniforme, não descreve a natureza física dos dois materiais, senão que apenas antecipa suas características recíprocas. O fato que o primeiro material seja mais natural, mais irregular, mais áspero que o segundo pode indicar que este seja terra batida e que outro liso seja pavimento, mas não necessariamente. O grau de síntese neste tipo de representação permite enfrentar as articulações de programas muito complexos sem antecipar especificações que poderiam ser contraditas durante o processo do projeto. Desta forma a maquete assume um papel operativo mais marcado, enquanto que a sua elaboração pode preceder (portanto orientar) a definição exata de todas as características do projeto (fig. 1.4).

1.5 Maquetes volumétricas e maquetes analógicas

Se na tradição moderna a maquete de arquitetura era construída basicamente por um único material, monocromática e volumétrica, paralelamente à redescoberta da maquete como instrumento de estudo e de comunicação do projeto, assiste-se a uma elaboração das formas e dos acabamentos. As maquetes que não limitam sua descrição às características volumétricas do projeto, são aquelas que vulgarmente são utilizadas para o modelismo ferroviário ou as maquetes encomendadas pelas agências imobiliárias. Assim, as cores dos edifícios ou os materiais de complemento, tais como "veludos" verdes para representar relva ou árvores realizadas com cores e materiais diretamente analógicos (liquens, esponjas, poliuretano), representam de forma direta a imagem arquitetônica e o ambiente. Embora os resultados sejam apresentados de forma menos rigorosa em relação à imagem icástica das maquetes de um único material,

1.5 a,b

é necessário um trabalho cuidadoso de síntese para evitar (ou enfatizar) o conteúdo kitsch que os materiais analógicos facilmente transmitem. O resultado da utilização de materiais que oferecem de modo analógico ou sintético a realidade é a construção de uma imagem que está diretamente voltada para a própria realidade e, portanto, o papel comunicativo da maquete pode superar a barreira da comunicação entre adeptos (fig. 1.5 a, b). A prova e conseqüência disso é: a utilização cada vez mais freqüente da maquete como instrumento de apresentação do projeto, a apresentação de maquetes em exposições para o grande público, a progressiva aproximação das linguagens das maquetes realizadas para motivos comerciais, ou seja, destinadas a usuários em geral (por exemplo, as maquetes das imobiliárias) e a utilização das maquetes arquitetônicas.

1.6 A construção da maquete

Os problemas que devem ser enfrentados no projeto da maquete podem ser resumidos da seguinte forma:

a - Relação entre o tipo de arquitetura que se pretende representar e a característica técnica da maquete. No parágrafo seguinte do presente capítulo será descrita, através das imagens de alguns exemplos, a relação entre técnicas e materiais da maquete e decisões de projeto; e mostrado como a certa arquitetura corresponde, na representação tridimensional, materiais específicos; ou também como a tipologia da maquete,

principalmente no caso de representações parciais (maquetes de fachadas, maquetes de seções), pode orientar o projetista nas escolhas técnicas. Apesar disso, na definição da capacidade de determinados materiais para representar uma determinada arquitetura, não podemos ignorar os conteúdos expressivos específicos que as maquetes exprimem, seja por motivos históricos ou simplesmente pelo seu próprio valor como objeto. Uma execução em madeira maciça, por exemplo, independentemente da arquitetura que representa, impõe uma certa preciosidade ao objeto e remete a uma tradição extremamente consolidada sob o ponto de vista histórico, como uma maquete renascentista e as suas implicações artísticas e técnicas.

b - Unidade entre as técnicas de projeto e a realização das obras projetadas. O nível das técnicas da simulação do projeto deve necessariamente corresponder ao da sua realização. Como o exemplo das soluções técnicas mais arrojadas de arquitetura recente (Frank Ghery) nas quais a extrema liberdade das formas está relacionada com o uso, seja de projeto ou de representação das técnicas de desenho por computador derivado do software utilizado na elaboração de projeto aeroespacial. Contudo, é difícil que a construção da maquete alcance o nível técnico da realização do projeto: é uma prática comum mesmo nas maquetes produzidas com técnicas avançadas (e que portanto se afastam da descrição operativa do presente manual) a coexistência de partes executadas com instrumentos e materiais de alto nível técnico e partes executadas de forma puramente artesanal. Na realização de um objeto complexo, como uma maquete de arquitetura, é extremamente improvável que seja

1.5 a e b Domus Academy. Projeto de Urbanismo. Maquete de plásticos e papel.
Escala 1:100.

1.6

1.7

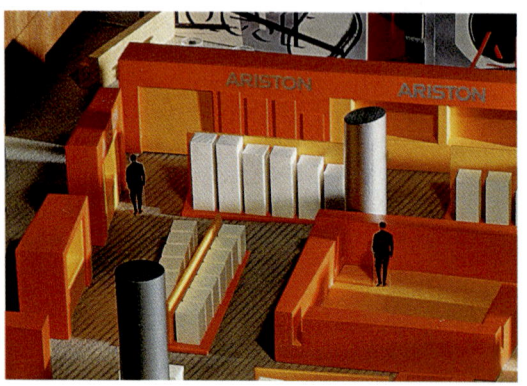

1.8

conveniente a utilização de uma única técnica, ou melhor, um único nível técnico para todas as suas partes.

c - Relação entre maquete e usuários. Esta parte se refere ao papel comunicativo da maquete. É evidente que a definição que estabelecemos entre as técnicas de representação de maquetes para o "público" e de maquetes para os "principiantes" não evita a necessidade de questionar que tipo de maquete se pretende realizar em função da utilização para a qual está destinada. Assim, a síntese extrema de uma maquete de estudo, realizada para a comunicação entre projetistas (em um campo didático ou profissional), permitirá uma leitura menos direta que uma maquete construída para ser apresentada em uma exposição para o público em geral. Assim como, seria pouco econômica a utilização de produtos extremamente sofisticados como materiais e acabamentos em uma área onde o grau de elaboração do projeto ou simplesmente o tipo de comunicação desejada não o requeira.

1.6 C. Zucchi: maquete de chapa de magnésio fotogravada com cobre envernizado. Escala 1:5.000.

1.7 Projeto de igreja em Roma. Maquete de materiais plásticos. Escala 1:200.

1.8 Studio Ga. Maquete de pavilhão de plástico. Escala 1:100.

1.9 R. Piano. Estádio de Bari (maquete de madeira de G. Sacchi). Escala 1:100.

1.7 As escalas de representação

As escalas de representação descrevem a relação de redução que existe entre a maquete de arquitetura e a realidade. A escolha de uma escala é determinada por alguns fatores.

A utilização de dimensões padrão: analogamente ao que ocorre nos diversos tipos de representação bidimensional, mesmo para o caso das maquetes, é preferível utilizar escalas convencionais (por exemplo 1:50, 1:100, 1:200 etc.) para facilitar a leitura e a descodificação intuitiva das medidas, especialmente para os principiantes. Este fato não exclui que em casos muito especiais possam ser adotadas escalas distintas das canônicas.

A escala do projeto e, em conseqüência, a tipologia da maquete que o representa: se o projeto engloba uma área territorial, viária ou urbanística, torna-se necessária a utilização de escalas territoriais (1:5.000, 1:2.000, 1:1.000) cuja descrição leva em consideração a estrutura do terreno e a presença de eventuais acidentes geográficos, traçados viários, volumes das construções e eventualmente as características dos materiais dos diversos elementos (fig. 1.6). Para o caso de projetos urbanos ou arquitetônicos a utilização de *escalas arquitetônicas* (1:500, 1:200, 1:100, 1:50) possibilita a descrição mais analítica das características dimensionais e, para o caso das escalas menores, inclusive de alguns elementos estruturais ou decorativos (fig. 1.7). Finalmente, as *escalas de detalhe* (1:50, 1:20, 1:10, 1:5) que se utilizam para exteriores em situações muito especiais, para maquetes parciais (fachadas, cortes, detalhes arquitetônicos), para maquetes de interiores, de ambientes ou de mobiliário (fig. 1.8).

O nível de definição do projeto: a passagem de uma escala de representação geral a uma mais analítica depende diretamente do nível de elaboração do projeto. Na prática, a maquete (como os outros tipos de representação) não deveria descrever aspectos sobre os

1.9

quais não exista ainda, mesmo nos diferentes graus de síntese, uma consciência do projeto. É inútil, por exemplo, construir uma maquete na escala de 1:100 de um edifício onde foram estudadas apenas as características volumétricas, já que poderiam ser descritas de forma eficaz na escala de 1:200.

O destino da maquete: dependendo se é uma maquete de estudo ou de apresentação podem ser adotadas, para o mesmo projeto, diferentes escalas de representação. Uma maquete de apresentação pressupõe a presença de um projeto elaborado de forma exaustiva, o que permite, como afirmamos no ponto precedente, a adoção de uma escala mais detalhada. Por outro lado, também o destino da utilização da maquete influi na escolha da escala. Se a maquete será observada à distância (é o caso de algumas maquetes de exposição), pode ser oportuno adotar escalas maiores à que corresponderia o nível de detalhe do projeto (fig. 1.9).

A escolha do material: normalmente a escolha do material é determinada por considerações de ordem expressiva e não interfere na escolha da escala de representação da maquete. Para os casos dos materiais de difícil manuseio (plexiglas grosso, pedra, cimento), escolhidos para representações que privilegiem os aspectos matério-expressivos em relação aos descritivos, poderá ser tecnicamente necessário realizar, para o mesmo projeto, maquetes de maiores dimensões (e portanto de menor escala) em relação com o que seria utilizado nas técnicas tradicionais. Trata-se obviamente de um campo muito limitado, que está mais próximo das modalidades construtivas do objeto artístico que da técnica de maquete.

---

1) F. Ragazzo "Modelli di architetture – disegni e tecniche", em *L'immagine mediata dell'architettura* (Edição a cargo de M. Giovannini).
Atas do seminário de estudo, Università degli Studi di Reggio Calabria, Facoltà di Architetttura, maio 1995, Gangemi, p. 19.

2) F. Ragazzo, *op. cit.* p. 20.

3) F. Ragazzo, *op. cit.* p. 20.

4) G. Vragnaz, "Rassegna-(Maquette)", Electa Milão 1987, p. 5.

5) G. Vragnaz, *op. cit.* p. 5.

A ESCOLHA DOS MATERIAIS 2

2.1 O significado expressivo dos materiais

Na parte operativa deste texto preferimos apresentar apenas as técnicas manuais, que permitem a realização de representações eficazes através da utilização de instrumentos como estiletes, serras manuais, colas e cores, excluindo a utilização de máquinas elétricas. Esta escolha foi adotada pela imediatez que estas técnicas permitem, que torna possível uma difusão operativa da utilização da maquete em cada fase do projeto, e pelo destino preferencialmente didático que entusiasmou o projeto editorial. Como conseqüência, apresentamos apenas materiais disponíveis em chapas (papel, plásticos, chapas e perfis de madeira). Foram excluídos aqueles que requerem, pelas suas características mecânicas, trabalhos de tipo técnico ou complexo, tais como madeira maciça, metais, pedras e plásticos espessos. Nestes casos é necessária a utilização de serras e brocas elétricas ou inclusive de máquinas com controle numérico.

Também consideramos útil apresentar, a título de exemplo, maquetes mais elaboradas e realizadas com materiais diferentes, para questionar os motivos que orientam, desde o nível prático e conceptual, a escolha dos materiais e das técnicas correspondentes. Os fatores são múltiplos e, obviamente, nem todos estão ligados com a dimensão expressiva do projeto. Considerações econômicas, de tempo e de acessibilidade das técnicas, podem atuar de forma negativa por excluir algumas possibilidades que poderiam ser oportunas adotar. Em um sentido mais estritamente disciplinar, deve-se valorizar as tipologias do projeto, o destino da maquete e dos conteúdos expressivos.

O papel operativo: a escolha de um material, em relação às suas características técnicas, é influenciada pelo caráter de estudo ou de apresentação que se atribui ao produto acabado. Por isso uma maquete de estudo é feita com cartolina ou cartão pluma, que facilitam as correções e permitem rapidez de execução. Em uma maquete de apresentação, que está concebida como produto final, as necessidades de modificação são pouco relevantes, enquanto que a precisão, solidez e qualidade dos materiais, como a madeira maciça ou os metais, permitem a realização de objetos cuja imagem e duração são superiores.

Fatores culturais: é inegável que a escolha dos materiais esteja influenciada pela bagagem cultural do projetista. Durante anos a maquete culta de arquitetura tinha como material de realização exclusivo a madeira maciça (é o caso de Giovanni Sacchi, maquetista milanês, cuja imensa produção acompanhou a realização dos principais projetos de design e de arquitetura desde o

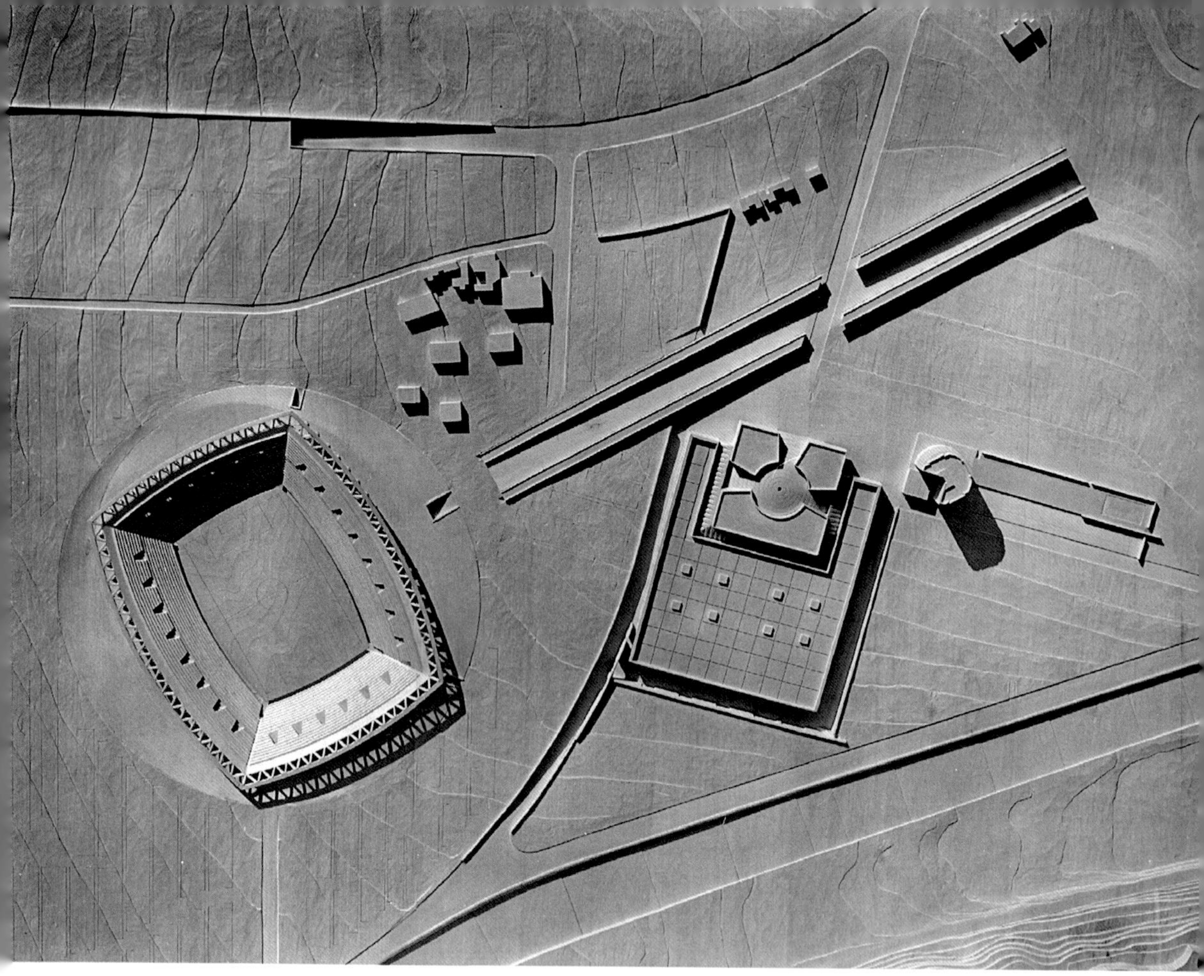

2.1

2.1 P. Nicolin. Projeto para o estádio de Reggio Calabria (maquete de madeira de G. Sacchi). Escala 1:500.

2.2 A. Rossi e I. Gardella. Teatro Carlo Felice em Gênova (maquete de madeira de G. Sacchi). Escala 1:200.

2.2

pós-guerra até hoje).¹ A utilização da madeira maciça corresponde a uma tradição cultural com origem no renascimento que criticava o excessivo naturalismo da maquete em nome de uma síntese capaz de prescindir das características volumétricas e de evitar "as ilusões e os estupores dos olhos".²

A recente redescoberta da dimensão da matéria do projeto e da utilização da cor, a difusão do kitsch como categoria a alcançar inclusive em ambientes cultos, a influência no projeto arquitetônico de disciplinas tradicionalmente menos sérias, como o desenho industrial e o desenho de interiores, abriram novos campos para a experimentação formal deste setor especial do projeto que se dedica especificamente à maquete. Assim, cores e materiais heterogêneos ou inclusive "vulgares" passam a estar disponíveis para a representação, sintética ou analógica, que os diferentes tipos de maquete oferecem, sem rejeitar a priori o conteúdo vagamente "pop" que esta aproximação expressa.

Relação entre o material da maquete e as características do projeto: é um ponto que está relacionado diretamente ao "significado expressivo dos materiais", ou seja, com a relação que existe entre as diferentes atitudes de projeto e as escolhas da representação. Nos pontos sucessivos do capítulo, a apresentação das diversas possibilidades advém de modo analítico através de uma escolha de maquetes que tornam explícita esta relação. Em linhas gerais, é reconhecível na história da maquete de arquitetura uma pertinência de determinadas técnicas a áreas culturais e de projetos específicos. Assim, a adoção das maquetes de madeira maciça pelo atelier e a apresentação das grandes fábricas renascentistas, que corresponde ao nascimento do arquiteto projetista como figura autônoma na cultura ocidental, (cfr. Rassegna cit.) descreve um caminho ainda vivo. Maquetes de madeira para representar arquitetura de clara implantação volumétrica, com uma relação com o solo e com o território extremamente precisas. É o caso das maquetes realizadas nos últimos anos por Giovanni Sacchi para alguns projetos de Pierluigi Nicolin (fig. 2.1) ou Aldo Rossi (fig. 2.2), nas quais as relações tectônicas e volumétricas são expressas de forma quase escultórica pela síntese da maquete. Na arquitetura do norte da Europa, e em especial na elaborada por um mestre reconhecido como é Rem Koolhaas, a atenção para os aspectos do programa do projeto e para a definição da matéria das partes, unida a uma extrema liberdade compositiva, traduz-se na elaboração extremamente sofisticada das maquetes de plástico, plexiglas, metal e outros materiais. Neste caso, a representação privilegia, além dos aspectos volumétricos, a definição matério-cromática das partes e a síntese dos aspectos do programa do projeto.

Na arquitetura japonesa (como por exemplo o caso de Tadao Ando) a herança de uma tradição atenta a uma extrema síntese de sinais, seja de projeto ou de representação, que se materializa na elaboração de maquetes de papel ou madeira nas quais a leveza e o minimalismo dos tratamentos descrevem de forma especular a extrema rarefação ambiental dos edifícios reais.

Para finalizar, citamos a maquete realizada pelos arquitetos italianos Roberto Gabetti e Aimaro Isola na apresentação do edifício de escritórios para a sociedade

Snam em San Donato Milanese. O edifício, que se apresenta como uma composição de volumes cristalinos de sabor ligeiramente expressionista, está representado através de uma maquete que omite a extrema complexidade técnica do edifício para descrever, através da utilização de prismas de vidro maciços colados, apenas a idéia de composição original do projeto.

A relação disciplinar entre os materiais da maquete e do projeto não esgotam os aspectos expressivos das diferentes escolhas. De fato, também inclui um conteúdo que não considera estritamente as questões de projeto, senão que está relacionado com o destino da maquete, e ao aspecto formal da mesma. Na prática, considerando que a representação possui uma especificidade marcada própria, não é possível evitar valorizações de ordem estratégica na escolha do nível econômico e formal a adotar. É evidente que uma maquete realizada com materiais finos e técnicas requintadas será mais adequada para a apresentação a um empreendedor que tenha que decidir um financiamento importante, comparada a uma maquete de estudo que apenas comunica um certo grau de elaboração.

Possibilidade de controle do conjunto das fases de projeto: a escolha de uma caracterização material das partes que constituem o projeto (e não, como já antecipado, a sua realidade material) permite o controle das fases de pelo menos dois pontos de vista diferentes. Por um lado compreende uma síntese que pode preceder, a nível de estudo, a elaboração definitiva, já que esclarece as relações recíprocas das partes sem indicar as escolhas definitivas, que portanto ficam abertas. Por outro, frente a programas complexos e expostos a variações contínuas, oferece a possibilidade de realizar trabalhos de apresentação que mantenham o grau de abstração necessária para trabalhar em condições de "instabilidade de programa". Obviamente uma estratégia representativa deste tipo requer instrumentos descritivos articulados e detalhados, e conseqüentemente, favorece a utilização de materiais heterogêneos e fortemente expressivos, enquanto que a maquete tradicional de apresentação, elaborada só com a presença de um projeto "acabado", poderá assumir a forma definitiva e escultural da madeira maciça talhada pelas serras mecânicas.

2.2. Maquetes de madeira

As maquetes de madeira podem ser realizadas usando dois procedimentos diversos e com diferentes resultados expressivos. No primeiro caso, que requer para a sua execução a utilização de máquinas adequadas, o material de base é maciço. As maquetes de madeira maciça apresentam algumas características específicas (fig. 2.3). À parte do grande valor como objeto e do preciosismo que, por motivos históricos e materiais, comunicam, este tipo de maquetes se refere a uma arquitetura de forte impacto volumétrico e tectônico. A maquete realizada por Giovanni Sacchi para um projeto de Gino Valle (fig. 2.4) o ilustra de forma extremamente representativa. O texto de P. A. Croset que descreve o projeto resume eficazmente as características da arquitetura e oferece, conseqüentemente, uma chave interpretativa da escolha técnica relativa à

2.3. Sottsass Associati, concurso "The peak", Hong Kong (maquete de madeira de G. Sacchi). Escala 1:100.

2.4

sua representação. Escreve o crítico: "Em grande escala, Valle propõe, em colaboração com Mario Broggi e Michael Burckhardt, modelar a totalidade do terreno como uma obra de *land-art:* gestos elementares como levantar um muro ou definir uma base mínima de apenas três degraus são suficientes para obter uma imagem bem diversa da tradicional arquitetura industrial e marcar fortemente a paisagem da arquitetura".[3]

A maquete, descrita de forma seletiva para exaltar só as características volumétricas dos edifícios e a relação com os níveis e desníveis, artificiais e naturais, da planície, sintetiza as características construtivas do projeto sem conceder nada a aspectos decorativos ou materiais. É importante observar que a distribuição geométrica das árvores realizadas com esferas de madeira envernizada reduzem a vegetação à sua forma geométrica elementar.

Objetos de grande efeito, as maquetes de madeira maciça são desaconselhadas para o caso de projetos cujas intenções e fases de desenvolvimento não sejam tão decisivas como no exemplo mencionado. Em uma entrevista concedida a P. Polato, Donato D'Urbino afirma: "as maquetes de Sacchi são muito belas (...) A forma (...) está tão presente, real e valiosa que torna difícil imaginar o efeito de eventuais alterações. (...) Uma maquete de Sacchi, mais que para trabalho, tem valor para ser apresentada em um conselho de administração que tenha que decidir a sua execução".[4]

O caso das maquetes realizadas em chapa de madeira e laminados é parcialmente diferente. A sua técnica de execução é semelhante à utilizada nas maquetes de papel e cartolina. O resultado é similar, com algumas diferenças quanto à consistência e qualidade do material.

A madeira mantém, inclusive nas lâminas, um forte caráter objetal. As diferentes qualidades disponíveis são geralmente utilizadas para distinguir as partes do projeto ou para individualizar (analogamente ao que ocorre com a cor) as partes do projeto e as preexistências (fig. 2.5).

2.3 Maquetes de papel e cartolina

A técnica que se adota para realizar as maquetes de papel e cartolina pode ser utilizada também com outros materiais fornecidos na forma de lâminas (plásticos finos, laminados de madeira, etc.). Para o caso de escalas territoriais e urbanísticas, os desníveis, as estradas e os volumes dos edifícios são realizados aproveitando as características mecânicas do material, ou seja, a sua suficiente rigidez em superfícies reduzidas. Para o caso de maquetes arquitetônicas, ao contrário, é necessário fortalecer a maquete já que o papel e a cartolina, sem uma estrutura auxiliar, seriam excessivamente frágeis e flexíveis. A maquete será então construída com uma estrutura tipo caixa (geralmente de cartão pluma ou cartão, mais difícil de cortar) e revestida com uma ou mais camadas que assumem as características materiais e decorativas da arquitetura. Deste modo, é necessário um estudo analítico para descompor os planos da fachada segundo as camadas que compõem a estrutura. Estas serão realizadas separadamente e colocadas sucessivamente sobre a base. Desde o ponto de vista expressivo, o procedimento é particularmente eficaz para arquiteturas nas quais o tema da fachada e do revestimento assumem especial importância. A variedade de espessuras das cartolinas e das chapas de plástico disponíveis facilita a interpretação dos planos da fachada cuja expressividade é marcada por mínimas variações na espessura do revestimento, de detalhes decorativos com baixo-relevo e, em geral com diferenças dificilmente interpretáveis com materiais maciços (fig. 2.6).

O procedimento necessário para construir uma maquete revestida, mesmo sendo necessário um traçado firme e uma extrema

2.4 G. Valle, M. Broggi e M. Burckhardt. Projeto para um estabelecimento Brion Vega em Agrate (maquete de madeira de G. Sacchi). Escala 1:500.

2.5 R. Cecchi e V. Lima. Projeto de reordenação da zona de S. Vittore em Milão. Maquete de madeira e laminado. Escala 1:500.

precisão executiva, é a mais acessível na ausência de máquinas para o manuseio dos materiais, e por isso foi adotado como o método que guiará a parte operativa do texto. Além da utilização específica na interpretação da arquitetura que trata o tema da fachada, a versatilidade da técnica permite todo tipo de realização: desde a maquete urbanística aos detalhes de interior.

Um caso particular de maquetes que, analogamente ao referido no início do parágrafo, aproveitam as características mecânicas e expressivas do papel, são as *maquetes kirigami*. Realizadas com simples cartolinas recortadas e desenvolvidas em três dimensões, estas maquetes descrevem as linhas principais (planos horizontais e verticais) da estrutura do edifício e das características do terreno. Na realidade abstraem, como um esqueleto, à geometria básica de um projeto (fig. 2.7). Maquetes de estudo ou representações sintéticas da idéia do projeto são especialmente indicadas para a representação da arquitetura construída com planos, lâminas horizontais, linhas cartesianas prevalecentes em uma direção, ou também, infra-estruturas e grandes marcos da paisagem, sempre em uma escala geográfica (fig. 2.8). O efeito deste tipo de maquetes ressalta o tema da linha, da leveza e do dinamis-mo, e além da representação sintética dos edifícios, é eficaz para a descrição de contextos claramente marcados por infra-estruturas ou com evidente contraste entre infra-estruturas e morfologia da paisagem.

As maquetes de papel caracterizam-se por uma extrema flexibilidade operativa: permitem variações extremamente simples em diferentes fases de trabalho. Desta forma

2.6 R. Cecchi e V. Lima. Piscina municipal em Pioltello. Maquete de papel e cartolina. Escala 1:200.

2.7 Projeto para o hospital de Varese. Maquete *kirigami* de papel. Escala 1:500.

2.8 C. Zucchi. Maquete de cartolina branca. Escala 1:5.000.

podemos ter diferentes opções com a simples utilização de um estilete.

2.4. Maquetes de plástico e materiais heterogêneos

Entendemos como "maquetes de plástico e materiais heterogêneos", agrupadas sob a categoria dos materiais de construção, as maquetes nas quais a representação dos materiais e a evidência das partes constituintes do projeto assumem um papel preponderante. O objetivo da representação admite a utilização de diferentes materiais, geralmente (poliestireno extrudido em placas), plexiglas e cores. Destinadas à definição das relações recíprocas entre os materiais, mais que da realidade física dos mesmos, esta categoria de maquete é adequada para projetos de tipo programático, no qual estão definidas algumas relações estáveis mas não uma materialidade efetiva. Trate-se geralmente de representações em escala urbanística, extremamente sofisticadas desde o ponto de vista expressivo mas suficientemente abstratas (pelo menos em relação com a maquete tradicional) na descrição das características físicas dos contextos e dos edifícios (fig. 2.9 e 2.10).

Devido ao caráter conceptual da representação, a escolha dos materiais da maquete pode assumir a sua autonomia em relação à realidade física, já que a prioridade não é descrever as partes na sua natureza material, mas esclarecer as relações recíprocas e o papel da composição em geral. Além disso, o aspecto experimental e a relativa novidade destas representações permitem uma extrema liberdade, tanto na eleição dos materiais não utilizados normalmente na construção da maquete, como na reutilização de outros materiais, além do uso que é feito convencionalmente (fig. 2.11). Assim, os poliuretanos expandidos ou extrudidos, as borrachas, as redes metálicas e materiais naturais podem ser utilizados na composição de uma imagem fortemente expressiva das intenções do projeto.

2.7

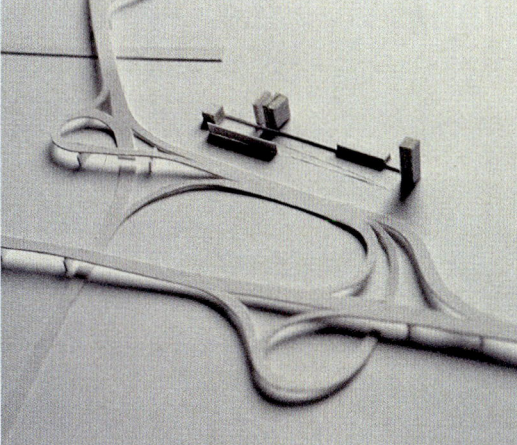

2.8

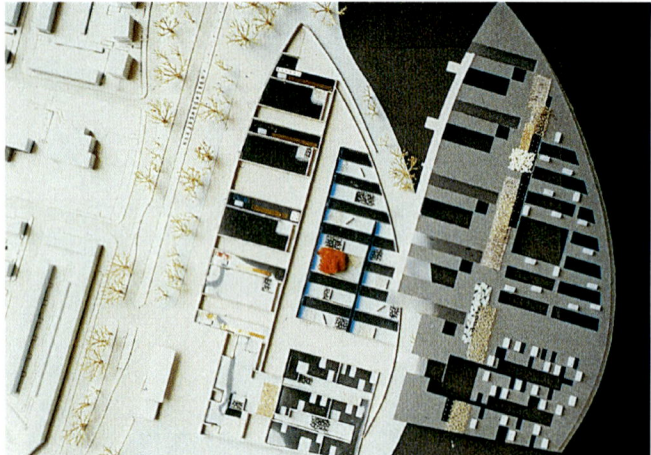

As maquetes de plástico (plexiglas) podem ser iluminadas. A luz poderá ser utilizada de forma realista, furando a base da maquete e inserindo uma iluminação que se filtra pelas janelas, ou então para evidenciar o projeto em relação às preexistências (maquetes urbanísticas) ou algumas partes relevantes do projeto, de maneira semelhante ao que poderíamos fazer com a cor.

2.9 R. Koolhaas. Projeto para a reordenação do porto de Gênova. Maquete de plexiglas serigrafado e plásticos. Escala 1:2.000.

2.10 H. Nijric e H. Nijric. Concurso Europan 3 em Den Bosch. Maquete de plásticos. Escala 1:500.

2.11 S. Boeri e C. Zucchi. Ordenação da Piazza Cadorna para a XIX Trienal de Milão. Os pilares de metal foram realizados em laboratório, as figuras são de papel e o fundo é uma retroprojeção de diapositivo sobre papel vegetal. Escala 1:20.

2.12 a e b Maquete histórica (1826-1834) da cidade de Praga. Reproduz o centro da cidade boêmia antes das transformações do último século.

2.5 As maquetes analógicas

A utilização de maquetes analógicas, que descrevem a realidade na maneira mais verossímil possível, foi aplicada tradicionalmente em contextos exteriores à comunicação específica do projeto de arquitetura. É o caso das grandes maquetes militares dos séculos XVIII-XIX, das maquetes de cidades para exposições permanentes (como é o caso da maquete de Lisboa, conservada na Fundação Gulbenkian, ou da de Praga, exposta no museu municipal da cidade, fig. 2.12 a, b) e das maquetes construídas com fins promocionais por parte das empresas imobiliárias. Isto é, objetos concebidos com fins técnicos ou para apresentação pública e portanto, com exigências comunicativas muito diretas.

No caso das maquetes de arquitetura, a influência de alguns fatores, referidos no primeiro capítulo, determinou uma certa atenuação da resistência desta disciplina na relação com a representação analógica. Assim, a utilização de materiais comuns, de cores evidentes e até de elementos de complemento construídos para o modelismo recreativo (homens, árvores, carros) converteu-se em uma prática freqüente mesmo para o projeto culto, especialmente nos casos em que as exigências comunicativas da maquete destinam-se ao grande público ou a um público não especializado. São definitivamente maquetes que privilegiam mais a captação rápida da mensagem em qualquer nível, que a procura de um reconhecimento formal autônomo. Disto derivam aproximações de novos materiais, muitas vezes inéditos na representação do projeto de arquitetura, que suscitam questões sobre o próprio

2.12 a

2.12 b

caráter expressivo. Além disso, existem alguns campos do projeto que desenvolveram uma estética específica da maquete analógica e de materiais que, convencionalmente, foram definidos como vulgares.

Nos projetos do arquiteto argentino Emilio Ambasz, concebidos sobre a ambigüidade contemporânea entre os conceitos de natural e artificial, a representação da vegetação, que contém freqüentemente as construções de projeto, é feita através do revestimento uniforme com veludo do terreno real e da terra colocada sobre os edifícios, ou seja, um tipo de tecido verde especial utilizado normalmente na construção das maquetes ferroviárias. Analogamente, as maquetes didáticas realizadas por Andrea Branzi no interior da Domus Academy explora as potencialidades comunicativas dos materiais analógicos para exprimir as características dos projetos, não casualmente definidos como "desenho urbano", que estão baseadas em um estudo da flexibilidade, das possibilidades de combinações, da duração e, em geral, dos tipos de utilização, mais que sobre os tradicionais conceitos de implantação e de composição. É evidente que o afastamento dos paradigmas, ou simplesmente a passagem a disciplinas mais próximas do design (considerando a idéia de superar a fisicidade do objeto da arquitetura para indagar os temas específicos da fruição), inclua a elaboração de instrumentos de representação que permitam exprimir de modo imediato não só o que é uma arquitetura, mas o que sucede no seu interior. Portanto, a semelhança quase fotográfica dos edifícios, o formigueiro de homens, automóveis, animais e objetos de utilização assumem um sentido não meramente decorativo, mas diretamente funcionais para a descrição das características do projeto (fig. 2.13 e 2.14).

2.13 Domus Academy: projeto urbanístico. Maquete de materiais plásticos. Escala 1:100.

2.14 Domus Academy: projeto urbanístico. Maquete de materiais plásticos e papel. Escala 1:100.

2.15 I. Migliore e M. Servetto. Pavilhão de esportes em Bari. Maquete de metal. Escala 1:200.

2.16 Quattro Associati. Maquete de metal para os escritórios da Snam. S. Donato (MI). Escala 1:100.

2.13

2.14

2.6 Outras maquetes de um único material

Fruto da autonomia formal e do destacável valor como objeto das maquetes de arquitetura, as maquetes de um único material situam-se no limite entre representação e objeto artístico. Prescindindo do material de construção, que poderá ser metal, pedra, cimento ou materiais artificiais (estão excluídas as maquetes de madeira, objeto de tratamento específico), estas maquetes comunicam de forma extremamente sintética as características do projeto que representam e, simultaneamente veiculam uma mensagem fortemente específica referente às técnicas, ao valor intrínseco e ao conhecimento artesanal do objeto-maquete. Portanto, podem assumir um papel na estratégia comunicativa (da qual a maquete faz parte) não tanto pela informação que transmitem sobre o projeto, mas por ser o veículo de expressão da estrutura produtiva do projetista, das suas possibilidades operativas e do conteúdo geral e disciplinar da sua pesquisa. No que se refere à comunicação do

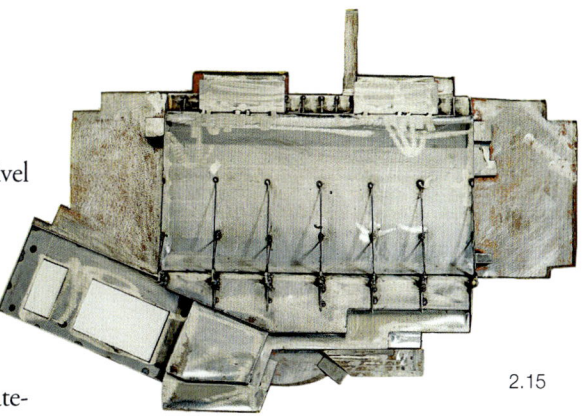

2.15

projeto, as maquetes deste tipo sintetizam a mensagem até reduzi-la a poucas informações básicas: o conteúdo técnico ou a abstração figurativa, para o caso das maquetes de metal (fig. 2.15, 2.16); a estrutura cristalina e transparente do edifício, para o caso de maquetes de alabastro ou plexiglas maciço; a natureza áspera e material, para o caso das maquetes de pedra ou cimento.

---

1) Cfr. P. Polato, *Il modello nel design*, Hoepli Milão 1991.

2) P. A. Croset, *Microcosmi dell'architetto*, em "Rassegna - (maquette)", Electa Milão, 1987, p. 50.

3) P. A. Croset, *Gino Valle*, Electa Milão, 1989, p. 189.

4) D. D'Urbino, em P. Polato, op. cit. 73.

2.16

3 | Instrumentos e materiais

Depois da apresentação dos diferentes materiais possíveis para a realização de uma maquete de arquitetura, e as suas implicações expressivas, é necessário descrever os instrumentos e materiais específicos que serão empregados na construção das maquetes descritas na parte operativa deste manual. Este capítulo poderá ser utilizado como guia para a compra dos principais materiais necessários e como indicação sobre a sua compatibilidade

3.1 Instrumentos

Os instrumentos necessários para realizar uma maquete sem máquinas e sem utensílios complexos são extremamente simples. As técnicas apresentadas podem ser resumidas ao corte, à incisão e ao acabamento das chapas de diversos materiais e eventualmente à sua pintura. Portanto, além dos instrumentos normais de desenho para transpor para as chapas a geometria da maquete a ser realizada, serão necessários os seguintes utensílios.

Para o corte: tesouras, réguas e esquadros metálicos, estiletes do tipo fino com lâminas seccionadas que possam ser substituídas, bisturi com lâmina de ponta e com lâmina arredondada. As lâminas dos estiletes devem ser substituídas continuamente durante a execução da maquete. Portanto, é necessário que o instrumento de corte principal esteja preparado para isso (fig. 3.1).

Para o acabamento: folhas de lixa (de diversas granulometrias, preferencialmente finas), eventualmente montadas sobre suportes rígidos, lapiseiras com bico metálico, pinças. As folhas de lixa que serão utilizadas para o acabamento das maquetes realizadas ou revestidas de plástico deverão ser coladas sobre bases rígidas (cartão pluma ou madeira) para manter uma ação precisa sobre o plano, evitando, por exemplo, arredondar as arestas. O bico metálico das lapiseiras será usado, como alternativa à parte não cortante da lâmina do estilete, para gravar as linhas dos revestimentos e dos pavimentos nas cartolinas ou nas folhas de plástico (fig. 3.2). É desaconselhável usar lixa para fazer o acabamento das maquetes de papel. Estas devem ser realizadas com suficiente grau de acabamento ou, pelo menos, prever o corte das partes que sobressaiam com um estilete.

3.2 Colas

As colas que se utilizam para a construção das maquetes têm aplicações específicas para os diferentes materiais (fig. 3.3).

Colas vinílicas: a cola branca comum ou de carpinteiro. São solúveis em água e, portanto, não são adequadas para colar papéis nem cartolinas que se deformam sob o efeito da água. Pelo contrário, apresentam uma

3.1 Instrumentos de corte.
3.2 Folhas de lixa para o acabamento.
3.3 Colas e fitas adesivas.

ótima aplicação na colagem da madeira, principalmente em superfícies extensas. Estas limitações expostas e o prolongado tempo de secagem reduzem muito o campo de aplicação destas colas.

Colas com solventes: o tipo mais comum encontrado nas lojas. São colas de secagem rápida, com solventes derivados do petróleo, indicadas para a colagem de papéis, plásticos, cartão pluma e madeiras. São as colas mais utilizadas para superfícies de pequenas dimensões.

Colas em spray: comercializadas em dois tipos, removível e permanente. As primeiras servem exclusivamente para fixar provisoriamente os desenhos necessários na maquete ou sobre o material a gravar, e transpor para a maquete as medidas na escala. As colas permanentes servem para fixar folhas de grandes dimensões. A sua utilização é freqüente durante a construção da base de uma maquete, servem para fixar as diversas camadas que constituem o terreno e os arranjos exteriores. Poderá ser necessário reforçar as extremidades da folha e, em geral, as partes mais trabalhadas ou difíceis, com alguns pontos da cola utilizada para as pequenas dimensões.

Colas cianídricas: são colas de secagem rápida e extremamente resistentes. Utilizam-se para colar instantaneamente todos os materiais não porosos (especialmente os materiais plásticos) e são particularmente eficazes para

3.1

3.2

3.3

3.4

3.5

3.4 Maquete de plástico e cartão pluma pintado com têmpera em spray e óxidos. Escala 1:50.

3.5 Cores de spray, tinta plástica e instrumentos.

3.6 Óxidos e pastéis.

o caso de superfícies de contato muito reduzido. Para superfícies maiores são pouco adequadas, além do que é preferível limitar a sua utilização devido ao grau de toxicidade.

O principal limite mecânico desta cola é constituído pela sua rigidez, que leva facilmente a rupturas em caso de flexão ou torção da parte colada. As colas cianídricas são desaconselháveis para materiais porosos, e absolutamente inadequadas para a fixação de materiais expansivos, como isopor e cartão pluma. Em contato com a cola, estes materiais se derretem.

Clorofórmio: usa-se exclusivamente para colar placas de isopor. Mais corretamente, este efeito poderia ser definido como soldadura, já que o clorofórmio atua como solvente derretendo o material. Dada a extrema volatilidade do líquido, a secagem e a conseqüente soldagem são extremamente rápidas. O clorofórmio pode ser aplicado nas arestas e nas superfícies a serem coladas com um simples pincel. Também é possível deslocar o material passando posteriormente novas pinceladas do solvente. Esta técnica permite uma cômoda possibilidade de correção. Assim como as colas cianídricas, o clorofórmio é um material tóxico. É recomendado ventilar o local de trabalho e limitar a quantidade e a duração do trabalho.

3.3 Cores

A coloração de uma maquete pode ser realizada de duas formas: através da aplicação de folhas já coloridas (cartolinas, plásticos, metais) ou com a pintura de materiais neutros. Para o segundo caso a coloração pode ser realizada sobre folhas para serem aplicadas ou colocadas diretamente na maquete (fig. 3.4). *Spray e tintas plásticas:* as cores de spray podem ser específicas para o desenho ou para o modelismo (têmperas em spray, à venda nas lojas de tintas e de artigos para desenho) ou também os spray de nitrogênio (verniz para automóveis).

As têmperas em spray podem ser utilizadas tanto sobre papel como em suportes plásticos, e dispõem de uma gama de cores limitada. As cores de spray de nitrogênio oferecem uma gama mais vasta, mas são desaconselháveis para a aplicação sobre papel. A aplicação das cores de spray pode ser feita antes de colocar as folhas na base ou mesmo diretamente na maquete. Neste segundo caso será necessário cobrir as partes que não devem ser pintadas, ou que requerem uma pintura diferente à que será utilizada. Para cobrir essas partes devem ser utilizadas folhas de papel e fita adesiva de papel removível.

As tintas plásticas são normalmente utilizadas para pintar paredes. São tintas solúveis em água e podem ser misturadas com máquinas existentes na maior parte das lojas de tintas, de qualquer cor escolhida do catálogo padrão, desde que seja pedido uma quantidade mínima, que normalmente é de um quilo. Para a sua aplicação utiliza-se um rolo pequeno de esponja fina e um pincel para as zonas de difícil acesso. Oferecem sem dúvida vantagens de economia e de versatilidade de cores, mas podem ser aplicadas apenas sobre materiais plásticos ou cartões muito espessos, que tenham relativa resistência à água presente na solução. O efeito da textura na superfície, sobretudo se o rolo leva pouca tinta, é extremamente parecido ao do reboco pintado (fig. 3.5).

Cores em pó: as cores em pó (óxidos e pigmentos) eram utilizadas tradicionalmente para compor as tintas das pinturas para paredes. Atualmente são utilizadas para o desenho e, em geral, para aplicações no campo das artes plásticas. Podem ser adquiridas nas lojas de tintas que apresentem uma grande variedade, e sendo cores naturais, apresentam uma gama base muito limitada, apesar de que podem ser misturadas. As cores em pó também poderão ser obtidas esmigalhando pastéis para desenho (que sejam secos, ao contrário dos comuns pastéis de cera) com uma lâmina. Para o caso das melhores marcas do mercado (por exemplo os Pastels a l'ècu-Sennelier, Paris) a gama de cores é extremamente ampla (fig. 3.6).

Para aplicar as cores em pó utiliza-se a técnica de *fricção*. Pega-se uma quantidade mínima de pó com um pouco de algodão e se esfrega sobre a superfície a tratar. As partes que não se pretende pintar deverão ser protegidas. É importante pintar sempre uma su-

3.6

3.7

3.8 a

3.8 b

3.8 c

perfície maior e recortar em seguida os limites da peça.

Desta forma a cor resultante é uniforme em toda a superfície, ao contrário do que sucederia nas extremidades de uma peça cortada à medida antes do tratamento. Obviamente esta técnica está indicada para revestimentos realizados em partes e depois montadas, enquanto que é muito imprecisa para maquetes já montadas. A cor poderá ser fixada com um fixador acrílico no final.

3.4 Materiais

Os materiais adequados para a realização das maquetes sem máquinas são vendidos geralmente em chapas, fato que requer uma montagem em caixa, ou para o caso das maquetes de apresentação, um revestimento.

Chapas opacas: cartão pluma (poliestireno expandido revestido com cartolina nas duas faces), isopor (poliestireno celular rígido), cartolinas lisas e rugosas, cartões ondulados, poliestireno extrudido (poliestireno). O cartão pluma é o material base para a construção das caixas. Encontra-se no mercado nas espessuras de 3, 5 e 10 mm; pode ser utilizado diretamente para maquetes de estudo ou pode ser revestido. O isopor, que apresenta uma superfície porosa, é indicado para realizar maquetes iniciais de estudo ou também para arranjos exteriores (natural ou pintado). As cartolinas podem ser aplicadas, dependendo do tipo, para revestimentos, para arranjos exteriores e para elementos acabados em pequena escala. Os cartões ondulados podem ser utilizados para realizar coberturas de telha ou revestimentos ondulados nas maquetes analógicas. O poliestireno é o material base para a realização de maquetes de plástico.

Pode ser comprado nos produtores de materiais plásticos e, apesar de ser vendido em várias espessuras, aconselha-se a utilização dos mais finos (0,45mm para os revestimentos, 1mm para pequenas partes estruturais), que podem ser cortados diretamente com um estilete ou vincado e partido ao longo da linha do corte. O trabalho com espessuras superiores é, ao contrário, muito mais complicado (fig. 3.7 e 3.8 a-c).

Chapas transparentes: plexiglas e acetato grosso. O plexiglas é o material mais usado para a realização das janelas nas maquetes. A espessura de 1 mm pode facilmente ser vincada e partida na medida, enquanto que as espessuras superiores são difíceis de executar. O plexiglas, como descrito detalhadamente no capítulo 7, pode ser usado na forma natural (transparente) ou opaco. Para torná-lo opaco é necessário passar uma lixa sobre uma ou em ambas faces da peça. As folhas de acetato apresentam a vantagem de serem flexíveis mas, em conseqüência, dobram-se facilmente e assumem uma superfície irregular. Portanto, é aconselhável utilizar espessuras mais grossas e exclusivamente nos casos em que seja necessário realizar superfícies envidraçadas curvas (fig. 3.9).

3.7 Materiais opacos em lâminas. Cartolinas, cartões ondulados, isopor, poliestireno, cartão pluma e policarbonato.

3.8 a-c Papéis coloridos de diversas gramaturas e texturas, alguns com folhas ou elementos vegetais inseridos (b e c).

3.9 Materiais transparentes de chapa, plexiglas transparente e lixado, acetato.

3.10 Madeira: balsa, laminados, perfis redondos, quadrados, retangulares, em H e em C.

3.11 Metais em chapa e em perfis.

3.12 Liquens, esponja vegetal, esponja marinha e poliuretanos.

Madeira (folhas, laminados e perfis de várias seções): folhas de balsa, laminados (chapas finas para revestimento) de diversos tipos, perfis para modelismo de várias seções (perfis redondos, quadrados, retangulares, em L, em H). As placas de balsa de espessura 2,3 e 5 mm podem ser utilizadas para a construção de caixas e paredes. Os laminados são usados para o revestimento, pavimentos e geralmente para arranjos exteriores das maquetes urbanísticas. A diferença entre estas naturezas pode caracterizar as distintas partes do projeto. Os perfis de madeira podem, dependendo da seção, representar pilares, colunas, calhas ou, em escala de detalhe, perfis metálicos de seção análoga. Todos estes materiais estão à venda nas lojas de modelismo (fig. 3.10).

Metais (chapas, perfis, fios, redes): excluindo a utilização da soldadura em função dos motivos já expostos, os metais são empregados somente como revestimento ou para os arranjos exteriores de maquetes abstrato-sintéticas. As chapas (geralmente de cobre) são vendidas habitualmente nas lojas de tintas. Os perfis, à venda nas lojas de modelismo, devem ser cortados com uma serra de ferro ou, para o caso de perfis muito finos, é necessário vincá-los e parti-los. Podem ser colados com colas cianídricas, porém o resultado é bastante frágil. De qualquer modo, será necessário desengordurá-los antes com álcool ou tricloroetileno porque normalmente as peças vêm untadas com óleos antioxidantes. As redes (de alumínio ou aço, entrelaçadas ou soldadas) são vendidas em lojas especializadas ou também em lojas de materiais. As maquetes analógicas representam balcões, parapeitos, grades e brise-soleil. Em maquetes abstratas podem caracterizar, conforme o tamanho, diferentes tipos de pavimento ou qualquer outro material (fig. 3.11).

Esponjas e poliuretanos: esponjas naturais, liquens, esponjas vegetais, esponjas artificiais, poliuretano expandido (espuma de colchões). Estes materiais encontram aplicação na maquete de arquitetura para a representação da vegetação (árvores, cercas vivas e relva), seja nas maquetes de detalhe ou nas de escala urbanística. Podem ser utilizados no seu estado natural ou tingidos por imersão (têmpera ou tinta plástica) ou por spray (têmpera spray). E em todas as formas requerem uma elaboração com tesouras e estiletes, para adquirir a forma indicada para a representação. As esponjas, naturais e artificiais, são encontradas com muita facilidade. Os liquens podem ser comprados nas lojas de modelismo ou recolhidos e secados. Neste caso, será necessário imergi-los em uma solução de água e glicerina, para evitar que se partam depois de secos. A esponja vegetal é a fibra de um pepino chinês seco, habitualmente vendida nas perfumarias como esponja de banho, é um material extremamente indicado para a realização de árvores, cercas vivas e propostas paisagísticas. A diferente densidade das fibras permite utilizar a esponja natural tanto em escalas arquitetônicas como em escalas urbanísticas. É aconselhável imergi-la em água antes da sua utilização, para facilitar o corte. O poliuretano (conhecido comumente como espuma de colchão) pode ser comprado nas lojas de colchões ou nos estofadores. Deve ser cortado com tesouras e estiletes, e a sua aplicação principal é para a realização de alinhamentos vegetais, cercas vivas na escala arquitetônica e alinhamentos densos em escala urbanística. É preferível pintar com spray o material já que, ao contrário da esponja vegetal, o aspecto natural é pouco satisfatório (fig. 3.12).

Segunda parte
A construção da maquete

Capítulo 4

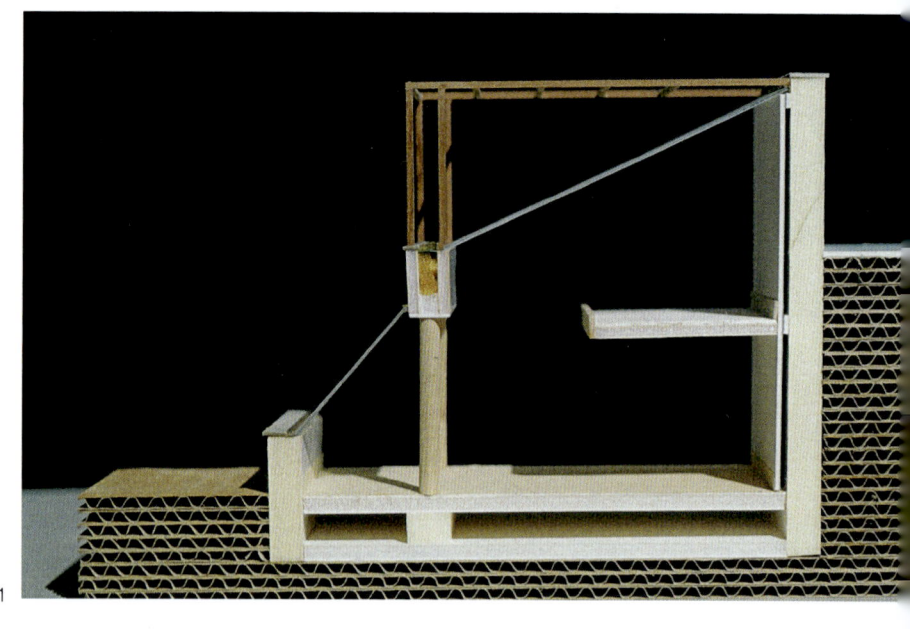

4.1

O TERRENO 4

Na construção de uma maquete de arquitetura é essencial formular inicialmente a questão da representação do lugar de onde surgirão as construções que serão representadas. Isto é assim desde um ponto de vista disciplinar, já que a representação de um contexto (orográfico, altimétrico, urbano) se converte em um instrumento imediato de conhecimento e de verificação do projeto, mesmo que seja de um ponto de vista técnico, já que geralmente o terreno constitui a base da maquete de arquitetura que se pretende construir. No entanto, sempre que seja compatível com as exigências da montagem, tudo o que se refere a acabamentos (pavimentos, representação da vegetação, arvoredo, plantações, desenho urbano) deverá ser deixado para as fases finais, mantendo a estrutura aberta para facilitar as intervenções necessárias para a implantação dos edifícios. Este capítulo apresenta algumas técnicas e materiais úteis para representar as diferentes tipologias de terreno, selecionando as mais adequadas para as diferentes escalas de representação (edificação, urbana, territorial) e mantendo a conhecida distinção entre maquetes de estudo, ou de trabalho, e maquetes de apresentação.

4.1 Cortes do terreno

OBJETIVO realizar a base do terreno para a maquete de seção. Esta representação está indicada para edifícios onde é necessário mostrar a estrutura interior, tanto da parte sobre o terreno como da subterrânea.

BASE plantas dos subsolos do edifício para inserção na base, cortes.

MATERIAIS cartões ondulados, placas de cartão pluma, poliestireno, isopor.

METODOLOGIA cortar com um molde, sobrepor e colar as camadas do material.

ACABAMENTOS cortar as bordas para o caso de que a base tenha sido construída sem molde.

Este tipo de representação (maquete cortada) permite evidenciar o interior do edifício e a relação entre o edifício e o terreno.

Uma técnica conveniente para representar o corte de um terreno (edifícios subterrâneos, edifícios com partes significativas enterradas, cortes de edifícios) na escala para edificações (1:50, 1:100, 1:200) é constituída pela sobreposição de placas de cartão ondulado colocadas no mesmo sentido e coladas. Podem ser utilizados cartões ondulados sem revestimento (embalagens de garrafas de champagne) ou mesmo, revestidos só de um lado ou, também, em sanduíche (duas folhas de cartão com o interior ondulado, como é o caso dos cartões para embalagem) (fig. 4.1).

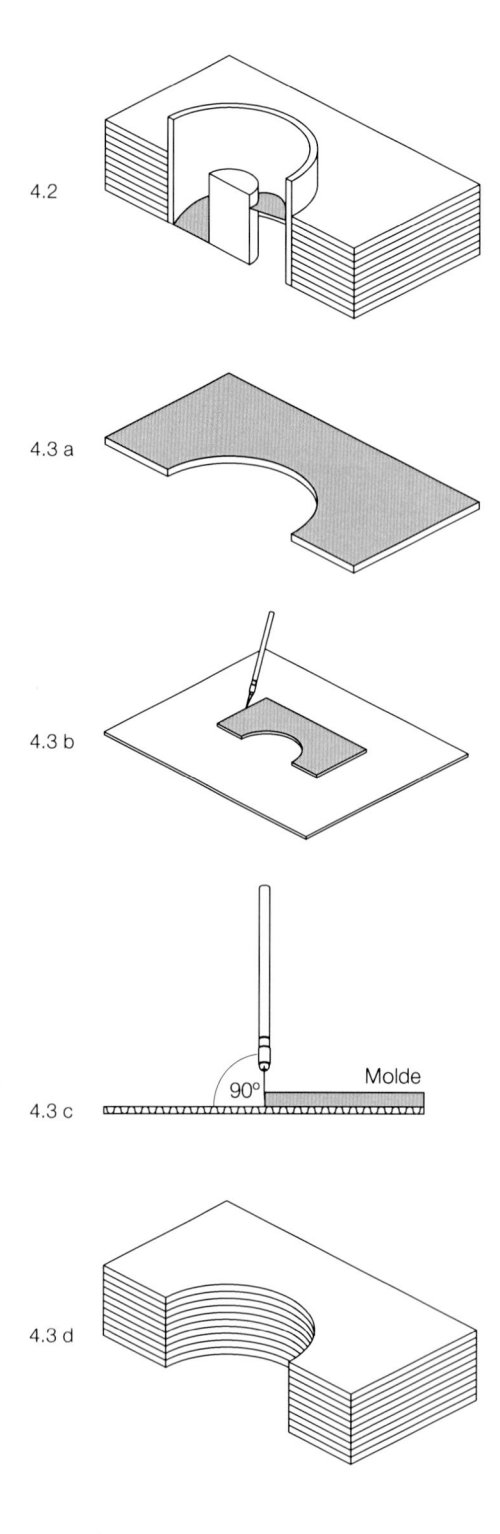

Os cartões ondulados existentes no mercado têm diferentes seções. Prescindindo das considerações sobre a compatibilidade da dimensão do cartão com a escala adotada para a representação, os cartões mais finos (com menor "comprimento de onda") apresentam um acabamento final mais preciso, enquanto que os mais grossos apresentam tempos de montagem mais rápidos e um acabamento mais tosco. A escolha de um material ou de outro dependerá da utilização final da maquete (estudo ou apresentação).

A realização do corte de um terreno com cartão ondulado pode ser feito colando as placas uma sobre a outra até à espessura pretendida e cortando o bloco inteiro com as medidas necessárias, ou cortando cada placa na medida e colando-as em seguida. Apresentaremos somente o segundo método que, apesar de ser um pouco mais longo, permite a realização da maquete também com instrumentos elementares (fig. 4.2).

A dimensão da placa de cartão-terreno é a dimensão definitiva da maquete. Por isso deve ser definida na correta relação da dimensão com o edifício representado, ou de qualquer forma, apresentar uma margem significativa em todos os lados do edifício.

Estabelecidas as dimensões da maquete, prepara-se o molde A (fig. 4.3 a) que será sobreposto às folhas onde devem ser cortadas (fig. 4.3 b). Para a operação é suficiente um simples estilete, seguro de forma que a linha do corte seja perfeitamente ortogonal em relação ao plano que será cortado. Esta medida sempre é útil para obter uma maior precisão do corte e resulta determinante quando é necessário trabalhar, como este caso, com materiais de uma certa espessura (fig. 4.3 c).

Cortadas na medida exata para atingirem a espessura pretendida, as placas de cartão deverão ser coladas umas às outras. Para alinhar as placas durante a colagem, de forma que a superfície vertical do corte seja regular, utiliza-se um plano de apoio ou uma tábua. Quando a maquete, como no caso do exemplo, tenha um lado de vista preferencial, a tábua para alinhar será apoiada sobre esse lado, deixando as eventuais imprecisões no lado menos evidente.

As placas de cartão serão coladas uma de cada vez, depois de passar a cola em cada um dos lados que serão colados, tendo especial atenção com as bordas, com colas específicas para papel, conforme explicado no item 3.2. A utilização de colas de água (colas vinílicas), desaconselháveis para papel, resultam ainda pior em cartão tosco, que enruga sensivelmente com a absorção da água (fig. 4.3 d).

Finalizada a montagem da base pode ser feita a inserção do edifício. Será conveniente, para esta última operação, que a folha superior da maquete tenha uma medida ligeiramente maior, de forma que permita as adaptações necessárias nos pontos de contato com o edifício.

4.4

4.2 Terreno inclinado

OBJETIVO realizar um terreno inclinado a partir de plantas com curvas de nível.

BASE planta topográfica na escala oportuna com indicação das curvas de nível, cortes do terreno (para verificações).

MATERIAIS papel, cartolina, poliestireno expandido, cartão pluma, plásticos em chapa.

METODOLOGIA para o caso de uma maquete oca cortam-se fitas com a medida de duas curvas de nível (uma se sobrepõe). Para o caso de maquetes maciças corta-se a lâmina sobre uma curva de nível e, no lado oposto, sobre a borda da maquete.

ACABAMENTOS para o caso que as maquetes sejam ocas é necessário efetuar um fechamento ao longo das bordas. Ao contrário, se a maquete é maciça as bordas deverão ser alinhadas, dependendo dos materiais, com estilete ou com lixa. No fim da montagem poderá ser aplicado um verniz sobre toda a superfície.

A forma habitual para a construção de uma maquete em um terreno inclinado é a utilização do método das curvas sobrepostas. O material utilizado será cartolina, plástico, poliestireno expandido (isopor) ou qualquer outro material em placa cujo corte seja fácil e a espessura, em escala, seja múltipla da diferença de cota entre as curvas de nível. O cartão deverá ter um perfil cheio, já que o ondulado, que também pode ser utilizado em casos especiais ou para maquetes de estudo (fig. 4.4), apresenta um corte extremamente "grosseiro" deixando à vista o corte da parte ondulada.

Os procedimentos que poderão ser seguidos para obter uma base inclinada são

4.5 a

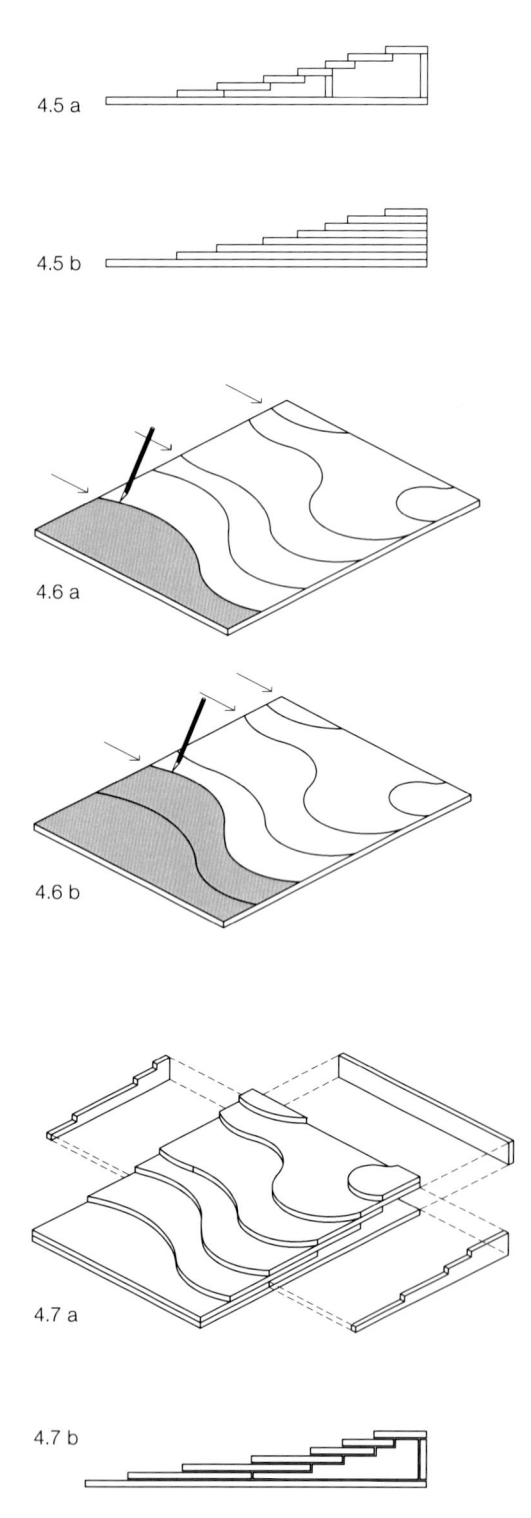

4.5 b

4.6 a

4.6 b

4.7 a

4.7 b

dois: com o primeiro, obtém-se uma base oca e leve coberta pelo terreno inclinado; com o segundo, a base é maciça, e por isso mais estável e mais pesada (fig. 4.5 a, b). Em ambos casos é necessária uma planta topográfica com as curvas de nível que serão representadas. Se a planta topográfica será utilizada posteriormente para outros motivos, deverão ser feitas uma ou mais cópias para trabalho.

O primeiro procedimento permite utilizar uma quantidade de material muito inferior. Fixa-se a planta topográfica provisoriamente, mas de forma estável, sobre o cartão que será utilizado. Para a fixação podem ser utilizados alfinetes ou agulhas, se possível espetando-os onde posteriormente serão colocados os edifícios, ou fita dupla face, tendo atenção que o cartão não se estrague quando ela seja retirada. Se o material utilizado for plástico (poliestireno) também pode ser utilizado cola de spray removível. Neste caso os resíduos de cola poderão ser limpos com um pano umedecido com álcool.

Cada curva de nível deverá ser fixada pelo menos em três pontos porque, quando se passa ao corte, as curvas de nível são cortadas uma após a outra, mas sem que a planta topográfica mude de posição. O corte é efetuado ao longo da linha traçada da curva de nível, prestando muita atenção na colocação perpendicular da lâmina do estilete em relação à cartolina e à precisão do corte, já que ambas as partes, a direita e a esquerda do corte são, para todos os efeitos, elementos visíveis da maquete (fig. 4.6 a, b).

Uma vez efetuados todos os cortes ao longo das curvas de nível inicia-se a construção de uma estrutura de suporte das curvas cortadas: esta estrutura é constituída por um certo número de apoios (conforme as dimensões e o peso da maquete) não necessariamente regulares ou paralelas entre si (os apoios ficam escondidos no interior da maquete).

Para construir um apoio de forma precisa é necessário uma linha reta na planta topográfica base, de preferência perpendicular à tangente da curva naquele ponto. Transportam-se para o cartão as medidas dos segmentos desta reta encontrados da interseção com as curvas de nível e, para cada curva encontrada, desenha-se nela um degrau de altura igual ao desnível representado pela curva. Deste modo obtém-se uma espécie de "escadinha", e sobre cada degrau desta se apoia a curva correspondente. Depois do posicionamento das curvas, os apoios serão aplicados na base da maquete. Quando a espessura do cartão usado não corresponde ao desnível da curva, é necessário completar a maquete para compensar o espaço que sobra entre uma curva e outra. A maneira mais prática é recortar algumas tiras de uma cartolina com a mesma altura do desnível e aplicá-las na borda de cada curva.

A mesma fita pode ser colocada também por baixo da curva, interrompendo-a onde encontrar apoios, ou mesmo, querendo

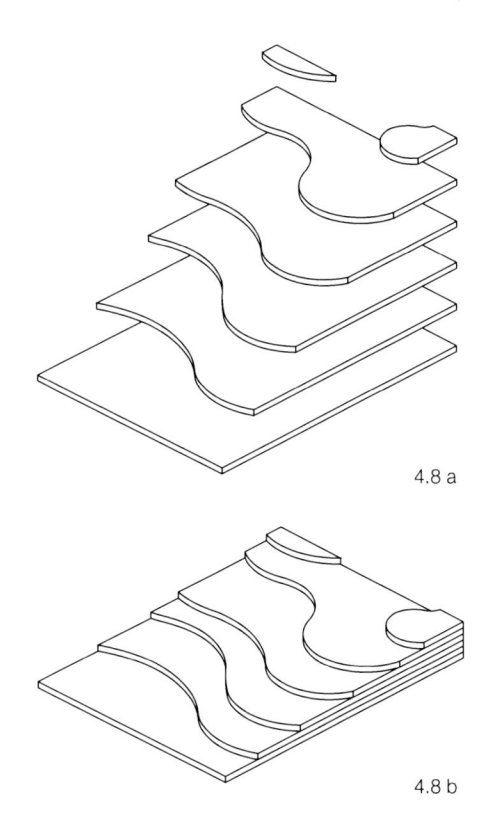

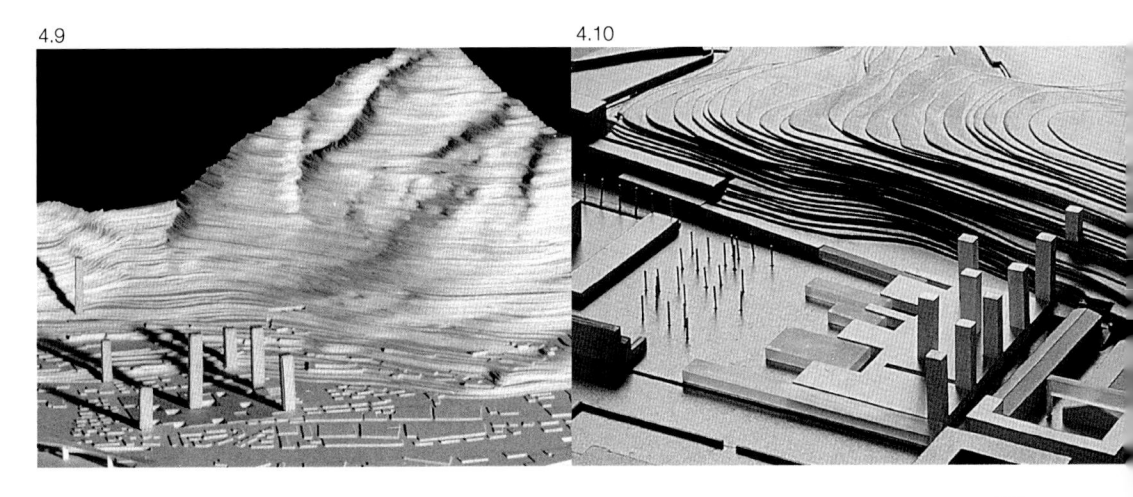

4.8 a

4.8 b

4.9

4.10

mantê-la contínua, avançando-a aproximadamente 1 mm da curva, de modo que sobressaia em relação ao suporte. Isto supõe um deslizamento de todas as curvas em relação ao suporte e, portanto, o último degrau, o mais alto, será 1 mm mais baixo que o calculado inicialmente. Aconselha-se, de qualquer modo, fazer este último degrau um pouco mais estreito, para deixar espaço necessário para colar as paredes das bordas da maquete (fig. 4.7 a, b). É possível colar várias cartolinas sobrepostas para tapar o buraco que se forma na parte lateral da maquete. O inconveniente é que a borda tem tendência a dobrar-se e, além disso, o procedimento é bastante demorado, já que as cartolinas devem ter o mesmo perfil da curva, e portanto deverão ser moldadas.

Se a maquete deve ser apresentada com os lados tapados (fig. 4.8 a, b), é preferível utilizar o segundo método (fig. 4.9, 4.10). Neste caso a quantidade do material empregado é muito maior, já que as folhas que constituem as camadas acompanham a forma da base da maquete em todos os lados, excluindo aquele onde se corta o perfil da curva de nível. As folhas deverão taxativamente ter uma espessura múltipla em escala do desnível entre uma curva e a sucessiva, de outra forma seria necessária a inserção de espessuras, complicando excessivamente a realização do trabalho. As camadas são sobrepostas e coladas utilizando uma tábua (ou duas coladas em ângulo reto) para apoiar a maquete e garantir a regularidade dos lados. O procedimento descrito, apesar da quantidade de material empregado ser claramente superior, apresenta vantagens indiscutíveis de solidez (por ser construído com material maciço), e de velocidade de execução, tanto na fase de corte como na de montagem. O corte será mais rápido em relação ao método precedente, já que só a parte interna do perfil, que constituirá uma camada da maquete, deverá ser cortada com precisão. É preferível utilizar este método com materiais leves (cartão pluma, isopor, cartolina), senão o peso da maquete poderia torná-la pouco prática para o transporte. A borda

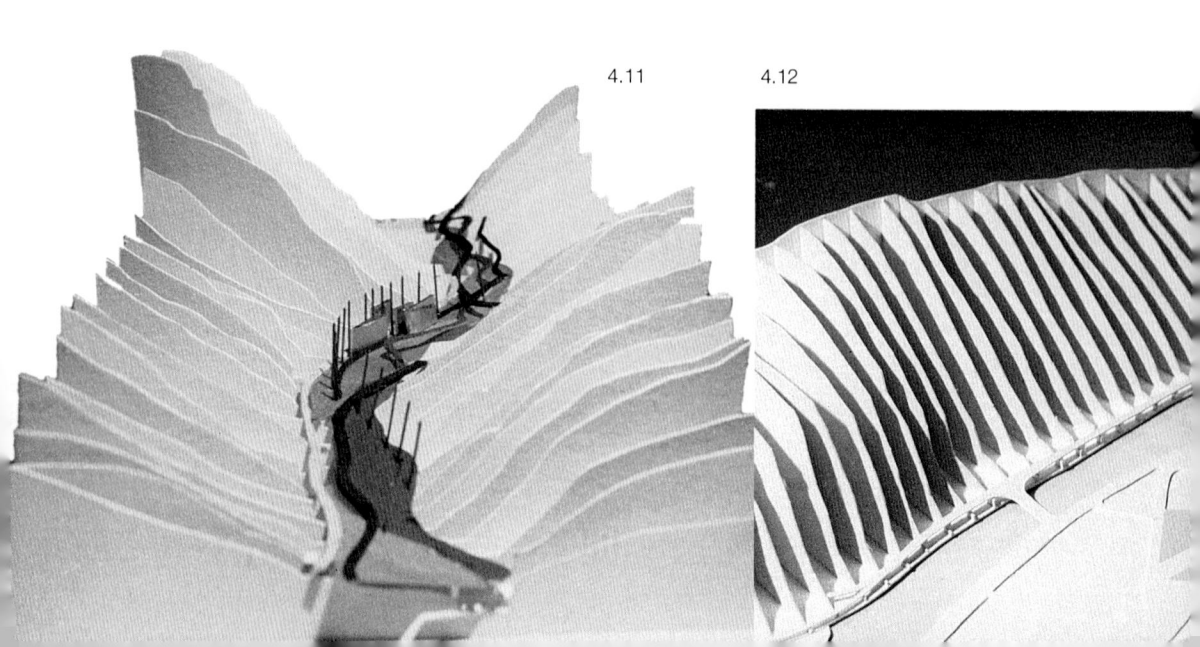

4.11 4.12

da maquete realizada com camadas maciças é apresentada, portanto, em camadas. Quando desejar esconder este efeito, apesar de que o seu resultado pode ser agradável se a maquete for bem construída, sempre é possível aplicar um revestimento lateral.

O tratamento para o acabamento pode ser efetuado antes ou depois da colagem das curvas entre si, depende da solução escolhida. Se deseja separar as diferentes áreas deverá aplicar cartolinas coloridas utilizando as próprias curvas, colocadas ao contrário, como molde para o corte. Se ao contrário, quiser aplicar um tratamento uniforme (spray de cor, areia ou outros materiais granulados fixados sobre uma camada de cola), deverá aplicá-lo no final da fase de montagem.

A posição dos edifícios sobre um terreno inclinado deverá ser marcada em cada curva antes do corte. Pode-se utilizar a planta topográfica e fazer corresponder os vértices da planta do edifício, e uma vez deslocado o papel, uni-los com um traço leve de lápis ou com uma incisão. Montada a maquete do terreno, o desnível servirá de referência para o correto posicionamento dos edifícios. Em alguns casos, quando se pretende representar uma grande porção de terreno com um método sintético, pode-se colar a própria planta topográfica diretamente sobre as camadas da maquete, sem remover as tiras depois do corte. Obtém-se assim uma espécie de "planta tridimensional" na qual as informações "desenhadas" descrevem suficientemente as partes pouco importantes do contexto, enquanto que as mais importantes, ou diretamente relacionadas com o projeto, podem ser realizadas como volumes ou, caso se pretenda, com todos os detalhes necessários. Apresentamos no final algumas maquetes nas quais a orografia está representada com métodos não convencionais (fig. 4.11, 4.12 e 4.13). A montanha é descrita com apoios de papel vertical (seções) ou horizontais separados pelas espessuras do cartão.

4.13

CAPÍTULO 4

4.14

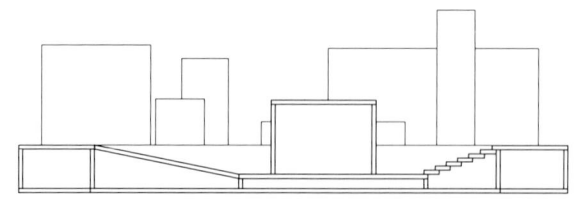

4.15

4.3 Terreno urbano

OBJETIVO realizar a maquete e um terreno urbano com todas as indicações necessárias (ruas, calçadas, quarteirões, rampas).

BASE planta topográfica com indicação das calçadas e com cotas altimétricas, cortes do terreno através dos edifícios. Escalas 1:500, 1:200.

MATERIAIS papel, cartolina, poliestireno (poliestireno extrudido). Genericamente materiais em folha.

METODOLOGIA preparar a base com eventuais diferenças de nível e rampas de ligação e garagens, revestir (atenção às rampas), cortar o contorno dos quarteirões sobre a margem das calçadas, marcar sobre os quarteirões o contorno dos edifícios para a sucessiva montagem.

ACABAMENTO a cor pode ser usada para distinguir as várias partes (ruas e quarteirões), pode ser aplicada sobre cada peça antes da montagem, ou depois cobrindo as zonas que não deverão ser pintadas.

A maquete de um terreno urbano contém as informações volumétricas e de detalhe necessárias para descrever a relação entre o edifício que se quer representar e o seu entorno imediato (fig. 4.14). Para isso será necessário identificar as diferenças de nível, as rampas de descida aos subsolos ou às garagens, as calçadas e os arranjos exteriores. Sobre os acabamentos e materiais (por exemplo canteiros, vegetação, pavimentos) é conveniente consultar os parágrafos específicos do manual.

A escala de representação será 1:500, 1:200 e, em alguns casos também 1:100. Estas escalas contêm tanto indicações de caráter urbanístico, como informações de tipo arquitetônico e de detalhe.

Inicialmente é determinante definir o desenvolvimento em corte da maquete. A análise das diferentes cotas permite estabelecer os níveis e as camadas que a maquete deve representar, de forma que a caixa da base tenha uma altura suficiente para conter a espessura dos pisos enterrados (fig. 4.15).

No plano da base da maquete (o nível mais baixo para representar), marcam-se os contornos dos limites das plantas enterradas e colocam-se as paredes que fecham os lados dos orifícios. A altura das paredes será igual à diferença, em escala, entre a cota da planta inferior e a planta de implantação, menos a espessura da folha que constitui a planta superior. No interior da maquete, nas zonas não visíveis, será útil inserir apoios para tornar a estrutura da base mais resistente e evitar deformações (fig. 4.16 a).

Juntamente com a estrutura da planta inferior serão efetuados os planos inclinados (rampas) ou as escadas que ligam os diferentes pisos da maquete. É útil recordar que o corte dos planos das rampas deverá ter em conta o desenvolvimento das mesmas. Na prática, a medida em planta de um plano inclinado será sempre inferior à medida real da maquete. Para encontrar a medida real da peça é necessário desenhar o triângulo da seção, cuja base é a medida em planta e a altura é a diferença de cota, e posteriormente medir o lado inclinado.

Em seguida corta-se a placa que representa a planta de implantação (nível 0.00 da maquete) com os orifícios correspondentes às partes enterradas (fig. 4.16 b).

As operações de revestimento ou de acabamento (cor) da base devem estar terminadas antes da montagem das calçadas, que serão as últimas a ser aplicadas.

Para realizar as calçadas cortam-se os moldes sobre uma base fina (cartolina ou plástico) e transportam-se os vértices dos limites dos edifícios com uma ponta, de forma a facilitar o posicionamento no fim da montagem. E as calçadas podem ser tratadas com cor antes de ser colada na base (fig. 4.16 c, d).

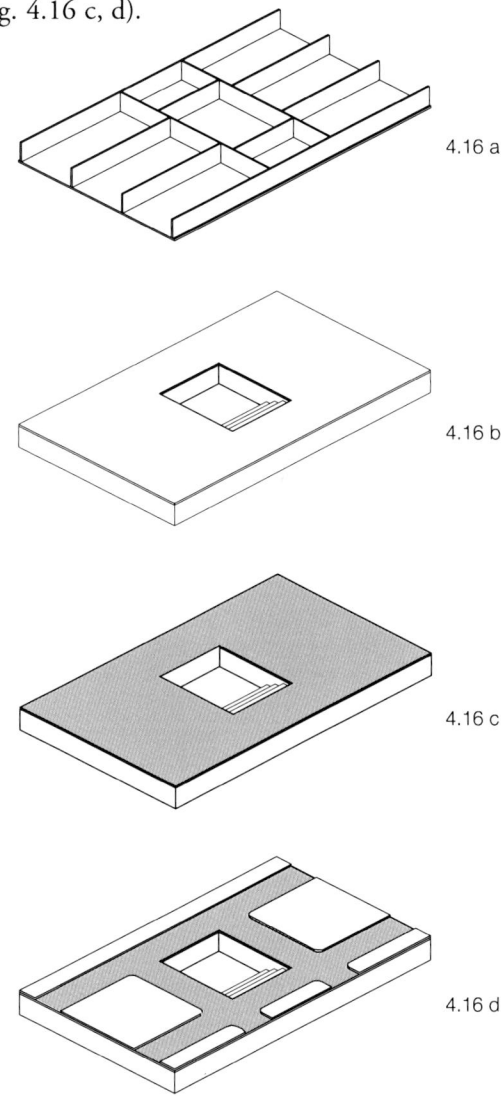

4.16 a

4.16 b

4.16 c

4.16 d

5 | AS PAREDES

Neste capítulo estão compreendidas todas as partes da maquete que se referem à definição da caixa externa. Sejam as próprias paredes ou os elementos estruturais, técnicos e decorativos, que segundo o grau de definição da maquete constituem o volume do edifício a representar. O capítulo está dividido de acordo com as diversas metodologias de execução, que dependerão dos diferentes graus de definição da maquete, das diferentes escalas de representação, e dos objetivos diversos da descrição do projeto que se pretende obter com a maquete. Esta estrutura permite uma leitura progressiva das operações. Através do seguimento dos itens se aprofundará a definição de maquete, desde uma maquete de estudo a uma maquete de apresentação. Se o objetivo é a construção de uma maquete volumétrica será suficiente seguir as

5.1

5.2

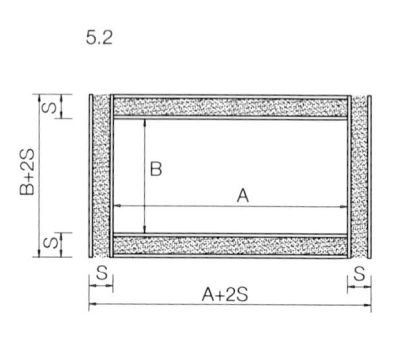

5.3 a

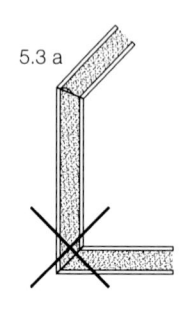

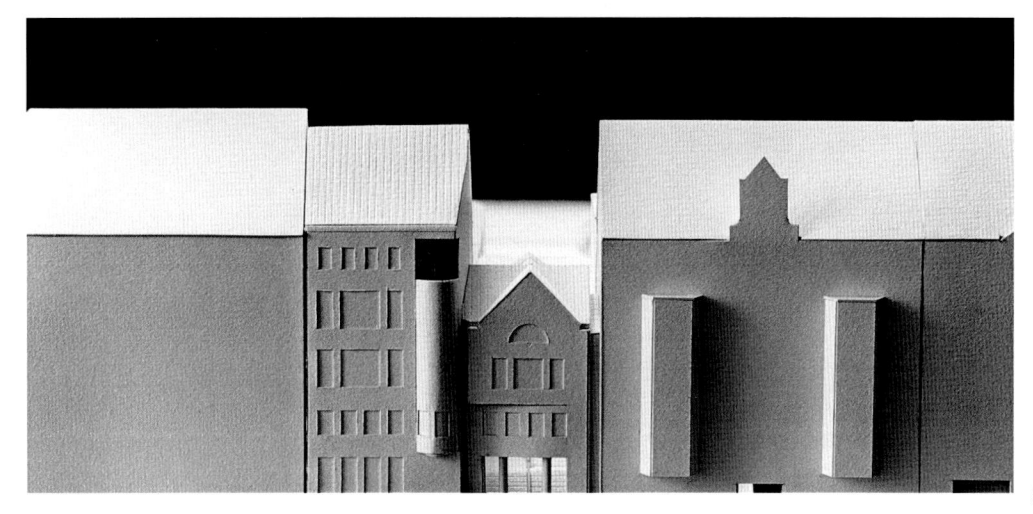

5.5

indicações do item 5.1, enquanto que uma maior precisão das características arquitetônicas e decorativas da maquete requererá a leitura e utilização das indicações apresentadas nos itens sucessivos 5.2 Definição arquitetônica parcial e 5.3 Definição detalhada.

Volumes simples. *São descritas as operações referentes à construção da caixa sem ulteriores definições volumétricas e decorativas.*

Definição arquitetônica parcial e Definição detalhada. *São descritas as modalidades construtivas dos elementos necessários para uma definição mais específica. Os elementos estudados são os mesmos em ambas partes (balcões e galerias, por exemplo), enquanto que as indicações operativas caracterizam os diferentes graus de definição que correspondem à Definição arquitetônica parcial ou à Definição detalhada. Para os elementos (tetos e janelas, por exemplo) que são desenvolvidos sucessivamente nos itens específicos do manual, apresenta-se uma descrição volumétrica, útil para situar a maquete no seu contexto, deixando uma definição mais profunda para as páginas assinaladas.*

5.3 b

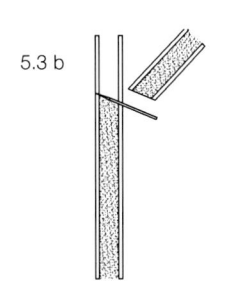

5.4 a

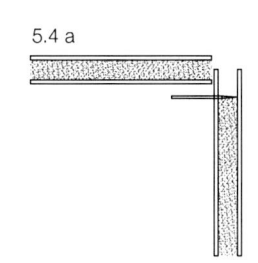

5.4 b

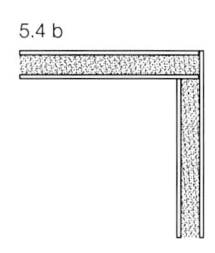

5.6

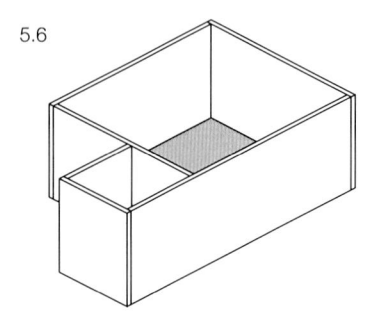

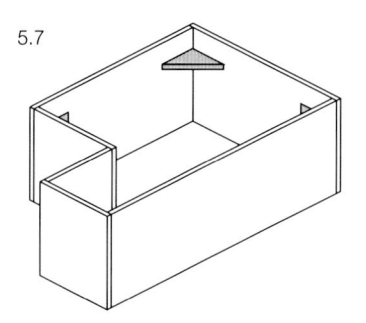

5.7

5.1 Volumes simples

Os edifícios serão representados como simples volumes para o caso em que a escala de representação o requeira (1:2.000, 1:1.000) ou, para o caso de escalas de representação mais reduzidas, mas que contemplem construções já existentes no contexto das quais se pretende atribuir uma definição menos específica em relação aos edifícios do projeto (fig. 5.1).

OBJETIVO realizar a parte murada das paredes exteriores dos edifícios.

BASE planta topográfica em escala urbana com indicação das alturas dos edifícios, para o caso de maquetes de contextos urbanos (1:2.000, 1:1.000, 1:500), cortes.

MATERIAIS cartão pluma, isopor, cartolina, poliestireno ou outros materiais em folhas.

METODOLOGIA os edifícios serão construídos como caixas, com material rígido. Para o caso de maquetes de estudo não é necessário nenhum acabamento posterior, enquanto que para o caso das maquetes de apresentação será necessário revestir com papel ou poliestireno de espessura mínima (0,45 mm) as peças construídas.

ACABAMENTO para o caso das maquetes revestidas é possível aplicar tintas neutras ou coloridas.

As arestas

a - A caixa é realizada com paredes simplesmente unidas, ficando aparente o corte do material sobre o ângulo. Para as dimensões das peças é necessário ter em conta a espessura das placas. Útil para maquetes rápidas de estudo ou como base para revestimentos posteriores (fig. 5.2).

b - O corte das duas paredes é inclinado de forma que a superfície externa do revestimento não deixe ver a parte interior do cartão pluma. Desaconselha-se a utilização desta técnica para a realização de arestas ortogonais, dada a dificuldade de obtenção de um corte inclinado preciso. Mesmo assim, e somente para o caso de maquetes de definição média, o corte inclinado é útil para juntar paredes não ortogonais, sobretudo no caso de ângulos obtusos (fig. 5.3 a, b).

c - Uma das duas placas que se encontram na aresta é cortada de forma que a camada interior seja removida. O corte deve deixar intacta a camada oposta à superfície de corte. A parede trabalhada desta maneira é unida posteriormente a outra que forma a aresta, de maneira a deixar à vista as partes revestidas. Útil para maquetes de média precisão (fig. 5.4 a, b).

A caixa

A primeira operação na construção da caixa consiste na definição das medidas das

As paredes

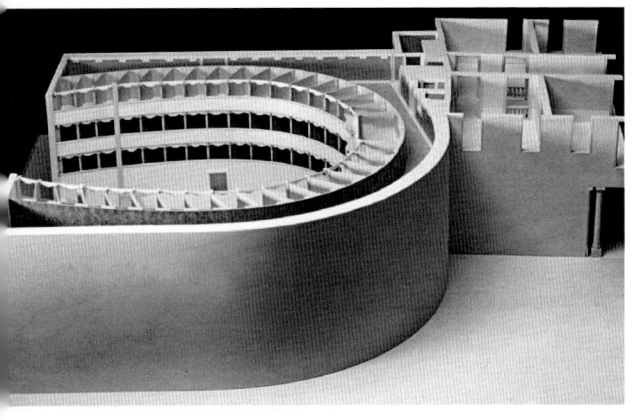

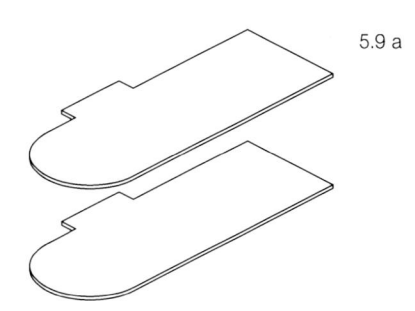

5.8

5.9 a

5.9 b

5.9 c

5.9 d

peças que, uma vez montadas, constituirão o volume (fig. 5.5). Em função da espessura do material e de como as paredes se juntam, subtrai-se a espessura da medida das paredes que devem ser sobrepostas, de forma que a medida final coincida com os limites do edifício em escala.

É importante verificar a solidez da caixa para evitar que se deforme na colagem ou em conseqüência da aplicação de um revestimento. Se as dimensões são reduzidas, a rigidez é garantida pela cobertura e, se necessário, por uma placa de base no interior da caixa (fig. 5.6).

Para caixas de grandes dimensões, ou quando a relação entre a superfície das paredes e a espessura do material não for suficientemente estável, deve-se reforçar a estrutura com a inserção de apoios (internos na maquete e não visíveis a partir de eventuais aberturas), que poderão ser obtidos pela continuação das paredes no interior da maquete, ou colando triângulos em esquadro, sempre pelo interior, para reforçar as arestas (fig. 5.7).

Paredes curvas
Para o caso de um edifício com uma ou mais paredes curvas será necessário utilizar um material cujas chapas sejam suficientemente

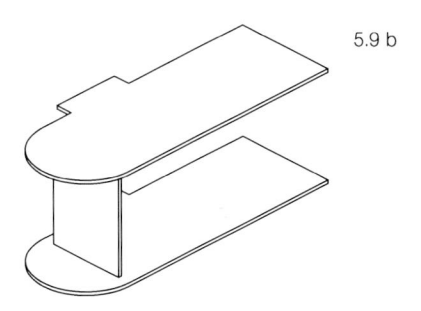

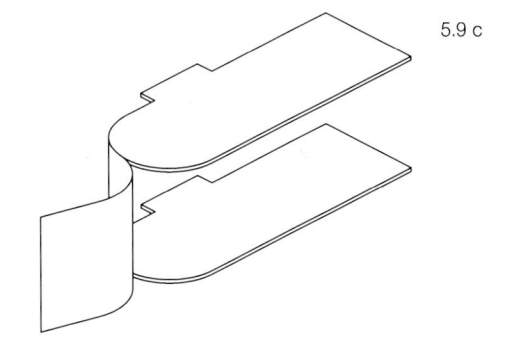

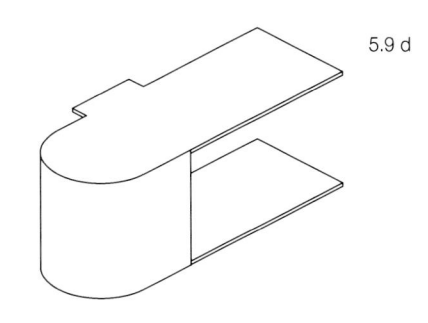

5.10

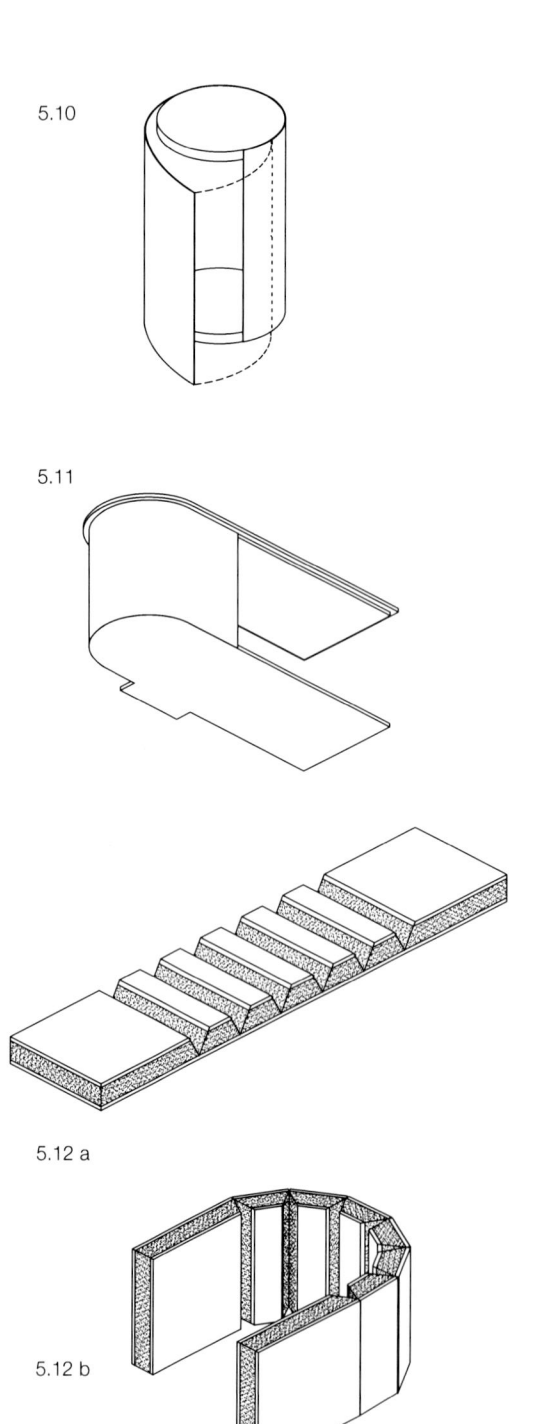

5.11

5.12 a

5.12 b

finas e flexíveis para permitir a curvatura sem pregas (fig. 5.8).

Dado que as chapas que se utilizam para construir a curva têm uma certa elasticidade, será necessário construir antes algumas camadas que sirvam de molde para a colagem das curvas (fig. 5.9 a).

Se excluimos o caso de caixas de dimensões muito reduzidas, normalmente as camadas de revestimento curvo não são suficientes para fortalecer a maquete. Por esse motivo, é útil inserir apoios no interior da maquete com a dupla função de fortalecê-la e de estabelecer a distância exata entre a base e a cobertura (fig. 5.9 b).

Para aplicar a cartolina de revestimento curvo é aconselhável, desde que possível, colar uma parte mais comprida da curva a cobrir, de forma que ela possa resistir melhor às tensões que tendem a devolver a cartolina à sua posição plana. Finalizada a colagem, deve-se eliminar o papel restante com a ajuda de um estilete, utilizando a aresta da maquete como apoio para o corte (5.9 c, d).

Se a figura a representar for um cilindro, as duas extremidades deverão sobrepor-se parcialmente (fig. 5.10).

É possível acrescentar uma cobertura posterior à medida para cobrir a borda do revestimento curvo, ou de dimensões ligeiramente maiores, de forma a representar o suporte de um beiral (fig. 5.11).

Para maquetes de estudo é possível realizar curvas diretamente em cartão pluma. Para isso, é necessário cortar algumas cunhas de material do lado oposto ao que está à vista. Desta forma, é possível construir maquetes inteiramente de cartão pluma. Obviamente as curvas terão um aspecto fragmentado (fig. 5.12 a, b).

5.2 Definição arquitetônica parcial

No seguinte caso, a representação terá um caráter volumétrico, mas estarão presentes algumas indicações de forma ou de cor, que identificarão de maneira mais precisa os "volumes simples" no aspecto arquitetônico dos edifícios, como ressaltos, pórticos, vãos das janelas (fig. 5.13). Esta modalidade é usada para as maquetes de apresentação em grande escala (1:500 e, em alguns casos, 1:200). Para as escalas menores (1:200, 1:100) a "Definição parcial arquitetônica" será utilizada para indicar edifícios que têm uma importância maior em relação ao restante do contexto mas não são objeto de projeto. Assim, por exemplo, em uma maquete urbana na escala de 1:200 o contexto será representado por volumes simples, os edifícios monumentais preexistentes apresentarão algumas características volumétricas (Definição arquitetônica parcial), enquanto que os edifícios do projeto serão representados com todas as características necessárias a uma descrição analítica, como descrito no próximo item "Definição detalhada".

OBJETIVO realizar a parte murada das paredes exteriores dos edifícios, os ressaltos e as aberturas.

BASE planta topográfica em escala arquitetônica (1:500, 1:200, 1:100, 1:50), fachadas, cortes.

MATERIAIS cartão pluma, cartolina, poliestireno.

METODOLOGIA os edifícios serão construídos com material rígido como caixas.
É necessário revestir as peças construídas com papel ou poliestireno de espessura mínima (0,45 mm). Posteriormente serão montados as partes construídas separadamente.

ACABAMENTO é possível pintar as maquetes com tinta neutra ou colorida. Para o caso de colorações uniformes, a maquete inteira pode ser pintada com spray, cobrindo as partes que não devem ser pintadas.
Se a pintura for mais complexa, as peças deverão ser pintadas separadamente antes da montagem.

Para a construção de uma maquete de "definição arquitetônica parcial" também são

5.13

5.14

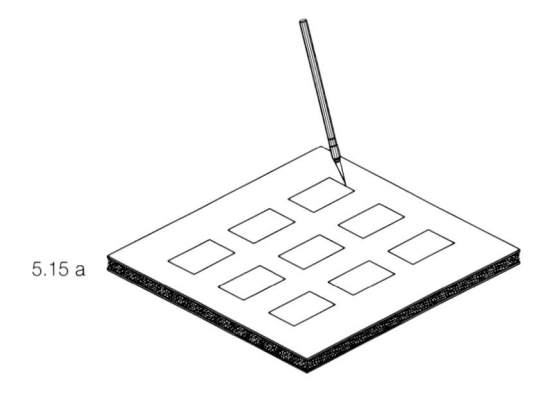

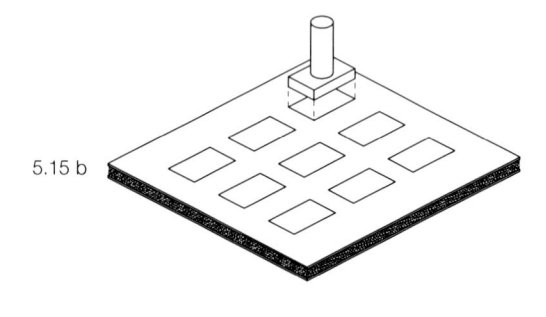

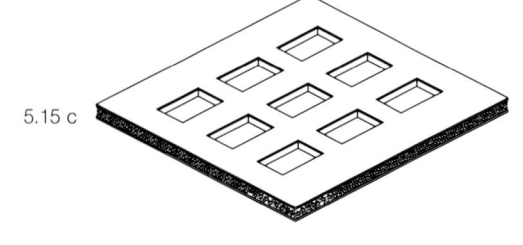

úteis as indicações presentes no item anterior, "volumes simples", que é a integração necessária para maquetes de maior definição.

Esta definição será complementada com alguns detalhes de caráter preferencialmente volumétrico, que poderão ser aplicados sobre os volumes construídos anteriormente ou serão integrados durante a construção da caixa. Este nível de definição necessita de uma maior atenção de caráter técnico na fase executiva, e um maior controle na coerência expressiva e estilística dos elementos que constituirão a maquete final.

Janelas

Para representar esquematicamente as janelas podem ser adotados alguns métodos de diferente grau de definição. Desaconselha-se representar as janelas através de simples buracos, já que dificilmente a maquete teria um aspecto "acabado" e, além disso, o interior visível requereria uma definição não coerente com este tipo de representação (fig. 5.14).

Um dos sistemas mais simples explora as características do cartão pluma, ou seja, a consistência diferente dos revestimentos externos e da camada interna de enchimento.

Pode-se marcar com um lápis a forma das janelas sobre a face exterior da peça, ou colar uma fotocópia da fachada a representar com produtos removíveis, de forma que não deixe marcas sobre as peças. Cortam-se depois os contornos das janelas, tendo atenção em cortar apenas a primeira cartolina e parte da camada de enchimento, em seguida pressiona-se a superfície das janelas de forma a comprimir a camada de enchimento. Desta forma obtém-se uma reentrância correspondente às janelas da fachada representada.

5.15 a

5.15 b

5.15 c

Para obter reentrâncias regulares é útil utilizar um molde de plástico ou cartão pluma com a dimensão exata da janela (fig. 5.15 a, b, c).

Há outro método que pode ser utilizado tanto na execução de paredes de cartão pluma como de outros materiais. Depois de recortar com um estilete e extrair o retângulo da janela, aplica-se no interior da maquete uma placa que constitui o fundo das aberturas, tendo atenção que a medida da placa seja ligeiramente superior à superfície do orifício, de forma que permita a aplicação da cola sobre a face interna das paredes (fig. 5.16 a-c e 5.17).

A placa que constitui a parede do fundo das janelas pode ser realizada com o mesmo material das paredes ou com cartolina colorida ou plexiglas. Neste caso é melhor tratar o material com uma lixa para torná-lo opaco, pois desta forma serão menos evidentes os eventuais restos de cola e a superfície do material permitirá uma melhor adesão.

É aconselhável utilizar plexiglas transparente apenas nos casos em que o interior da maquete deve ser visível, coisa que normalmente não sucede para as maquetes parcialmente definidas.

Para uma descrição mais detalhada dos métodos para realizar uma janela, consulte o item "aberturas envidraçadas".

Pórticos e galerias

Para construir um pórtico opera-se de forma semelhante ao descrito para as janelas. Depois da marcação do perfil do pórtico sobre a fachada da maquete cortam-se as partes que serão removidas. A fachada assim realizada pode ser montada sobre a caixa.

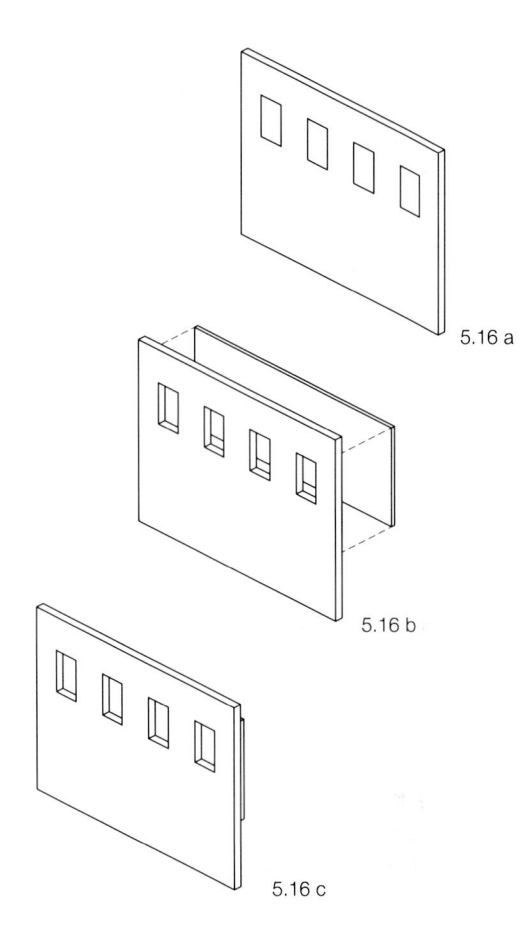

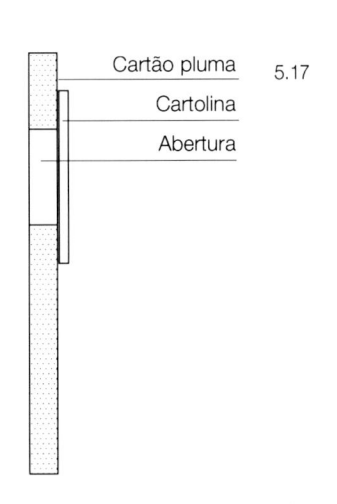

Para o grau de definição escolhido, a parede do fundo do pórtico será um simples plano vertical sem maiores definições (portas ou janelas) (fig. 5.18 a, b). Para a construção de galerias nos planos superiores se procederá de modo análogo ao descrito para os pórticos. Para o caso de pórticos com arcos sobre colunas, a fachada poderá ser simplificada, procedendo de forma semelhante ao descrito no ponto precedente (fig. 5.18 c, d), ou mesmo, se a escala da maquete requer uma definição maior, podem ser cortados os arcos no fim da curvatura e aplicados, durante a montagem, segmentos de perfis de seção circular (de balsa ou outra madeira) no lugar das colunas (fig. 5.19).

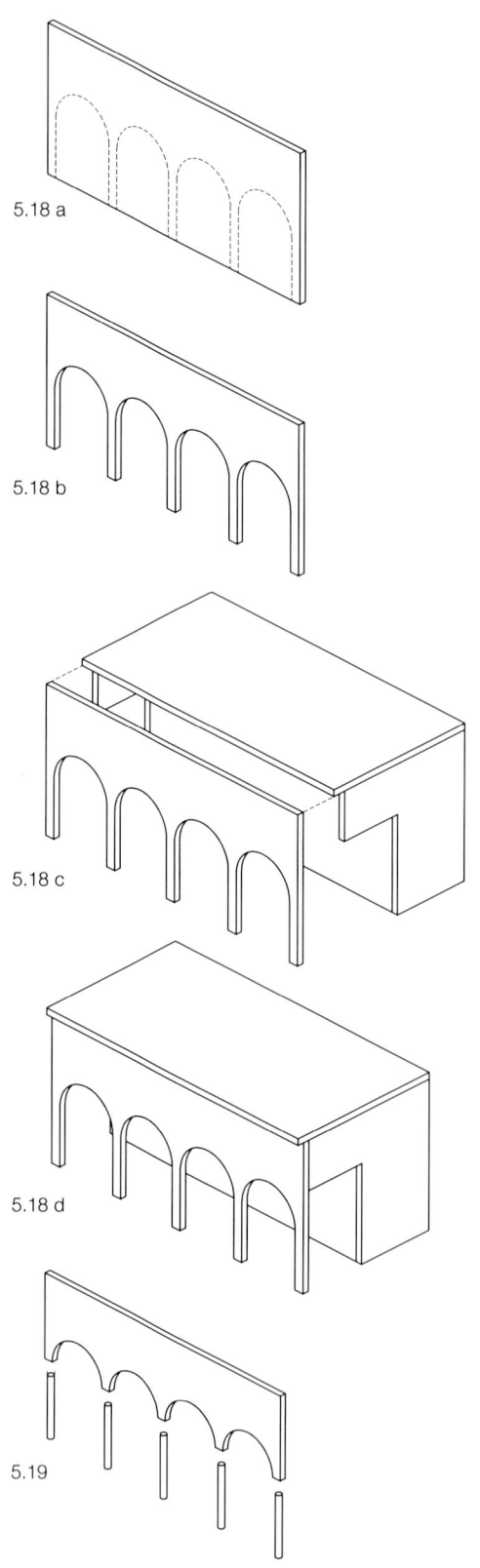

Balcões e bay window

Geralmente os volumes sobressalentes são adicionados depois da junção das paredes. Constrói-se o invólucro, como se fosse um volume ou um edifício independente, evitando obviamente fazer o acabamento do lado que ficará colado na maquete, em seguida cola-se a peça na caixa já montada.

Em todos os casos onde a peça é construída à parte e depois montada, é útil verificar as medidas diretamente na maquete, antes de fazer o acabamento, para identificar eventuais imperfeições que possam incidir na sua correta montagem (fig. 5.20).

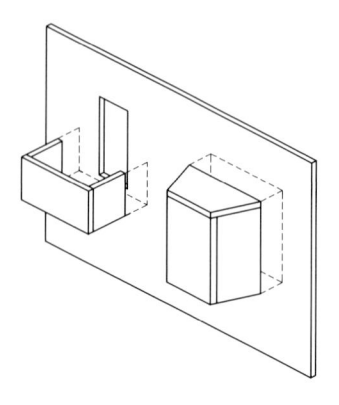

Telhados

Freqüentemente, no que se refere aos edifícios com cobertura inclinada, convém cobrir a caixa com uma placa horizontal de cartão pluma (ou outro material) de forma que exceda o perímetro. Esta saliência facilita a aplicação da cobertura inclinada e se converte em uma simples representação do ressalto do beiral (fig. 5.21).

5.21

5.22

5.3 Definição detalhada

No caso seguinte falaremos dos edifícios cuja importância na representação geral da maquete e da escala adotada, geralmente arquitetônica, requerem uma definição dos volumes, das superfícies, dos materiais e das cores que descrevam corretamente as características morfológicas e arquitetônicas do edifício. As paredes deverão conter orifícios para as aberturas, dentro das quais serão sucessivamente montadas as esquadrias e os vidros, e deverão prever a montagem de todos os detalhes arquitetônicos e revestimentos necessários e suficientes para a representação na escala adotada.

OBJETIVO realizar as paredes exteriores dos edifícios com todos os detalhes necessários para uma descrição das características arquitetônicas e decorativas.

BASE planta topográfica em escala arquitetônica (1:200, 1:100, 1:50), fachadas, cortes e fotografias.

MATERIAIS cartão pluma, cartolina, poliestireno.

METODOLOGIA as paredes dos edifícios serão construídas cortando todas as aberturas e galerias existentes, dentro das quais serão sucessivamente inseridas as portas e as janelas. Varandas, beirais e todos os elementos de destaque que serão aplicados sucessivamente deverão estar previstos e medidos antes do revestimento, que deverá cobrir de modo contínuo também as partes em questão.

ACABAMENTO a pintura, neutra e colorida, será executada nesta fase se a seqüência da montagem o torna necessário, senão se aplicará na conclusão da montagem.

A caixa dos edifícios será construída como descrito nos exemplos anteriores. A definição do invólucro exterior deverá ter uma qualidade superior. Para obter este resultado é necessário inserir todos os detalhes volumétricos, de materiais e de cor que sejam necessários para uma descrição não esquemática do edifício (fig. 5.22).

A escolha do grau de síntese da representação é fundamental para o sucesso da maquete. Por isso é necessário detectar quais os detalhes que são necessários e suficientes para a execução da maquete, e como eventualmente simplificar aqueles mais complexos para torná-los aptos para a representação em escala. Este fato é evidente para o caso de maquetes clássicas ou ecléticas, nas quais uma descrição analítica de todos os elementos decorativos comportaria um trabalho que seria justificado somente para exposições.

Janelas

Nos orifícios das janelas, cortados como descrito anteriormente, serão colocadas as esquadrias e os vidros. Também serão representados os parapeitos, batentes e eventuais decorações de grande relevo, como por exemplo as cornijas das janelas. Para obter o efeito do vidro pode-se utilizar plexiglas lixado com folhas de lixa fina. Desta forma o plexiglas fica opaco e aumenta a homogeneidade e a materialidade do efeito do vidro, e apresenta a vantagem de que as aberturas se tornam mais visíveis (em dimensões pequenas o plexiglas transparente seria praticamente invisível), além de simplificar a colagem e esconder eventuais imperfeições. É útil recordar que para os dois acabamentos (opaco ou transparente) não deverá ser considerado somente o aspecto técnico mas também as diferentes implicações expressivas que comporta (fig. 5.23). Para a representação detalhada das janelas veja o capítulo "Aberturas envidraçadas".

Desta forma, a peça fica colada por trás da abertura cortada propositadamente para a janela.

Se a parte interior das janelas tem que ser revestida em seguida, é importante que as dimensões do orifício da fachada tenham isso em conta. A abertura deverá ter as dimensões da janela mais a espessura dos revestimentos dos dois lados, de tal forma que, depois da aplicação dos revestimentos, as medidas sejam iguais às do desenho de onde foram tiradas as dimensões das janelas (fig. 5.24 e 5.25). O plexiglas é utilizado também para representar superfícies envidraçadas de maior dimensão, como paredes envidraçadas, varandas, etc.

Pórticos

Para o caso de uma "Definição arquitetônica detalhada", o pórtico será construído a partir de uma definição analítica das partes que o constituem. Os elementos que compõem as colunas (base, pedestal, fuste, capitel) devem ser construídos independentemente, e quando estiverem montados, e acabados deve ser feita a sua montagem. Será necessário, na ausência de máquinas, um grau de síntese que permita a realização de elementos geométricos suficientemente simples para que possam ser realizados com meios artesanais.

Uma vez verificado que tenham todas a mesma altura, as colunas são coladas no início dos arcos do pórtico, deixando o espaço para aplicação do revestimento das paredes superiores (fig. 5.26).

No fim da montagem é possível aplicar sobre o revestimento elementos arquitetônicos importantes, como pilastras, cornijas pluviais, etc.

Galerias

As galerias de uma construção poderão ser colocadas no interior da linha da fachada, ou ser aplicadas como varandas fechadas sobressalentes em relação ao limite do edifício. No primeiro caso, as galerias interiores à linha da fachada serão realizadas simultaneamente à construção do volume do edifício do qual são parte integrante. Sobre a parede da caixa do edifício se traçará o contorno das aberturas da galeria e, se necessário, o perfil das colunas ou outros elementos de separação que deverão ser aplicados sucessivamente (fig. 5.27).

Se o interior da maquete for construído com apoios (por motivos de solidez ou porque o interior é visível), as galerias serão construídas inserindo a parede de fundo no interior do edifício. O lado externo das paredes deverá ter o mesmo grau de acabamento da fachada, e os outros elementos descritos (portas, janelas, elementos decorativos) deverão ter uma definição análoga (fig. 5.28 a). Se, ao contrário, a caixa da maquete não tem divisões internas, a galeria deverá ser construída como uma caixa autoportante e colada pelo interior da maquete (fig. 5.28 b). Analogamente, para o caso de galerias em balanço, constrói-se separadamente o volume das mesmas e sobrepõe-se sobre a caixa do edifício (fig. 5.29 e 5.30).

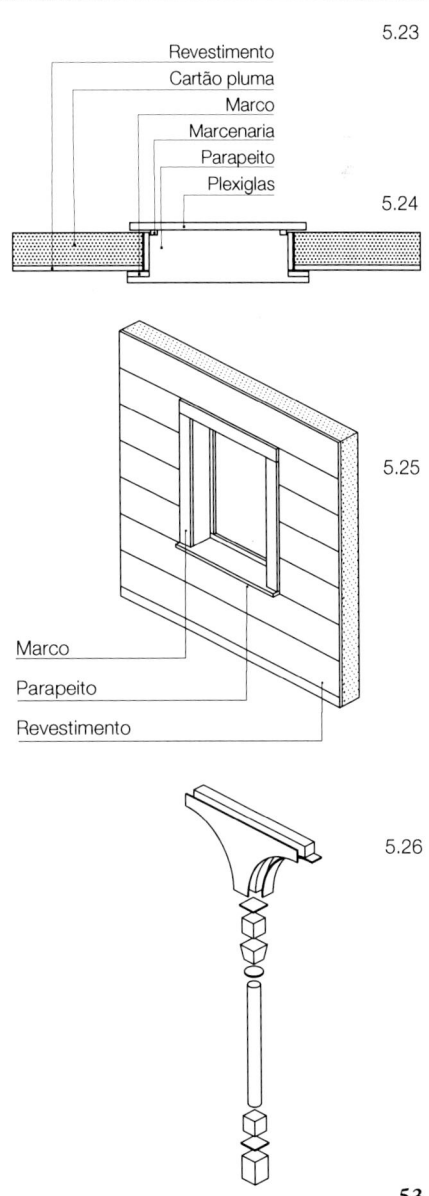

5.27

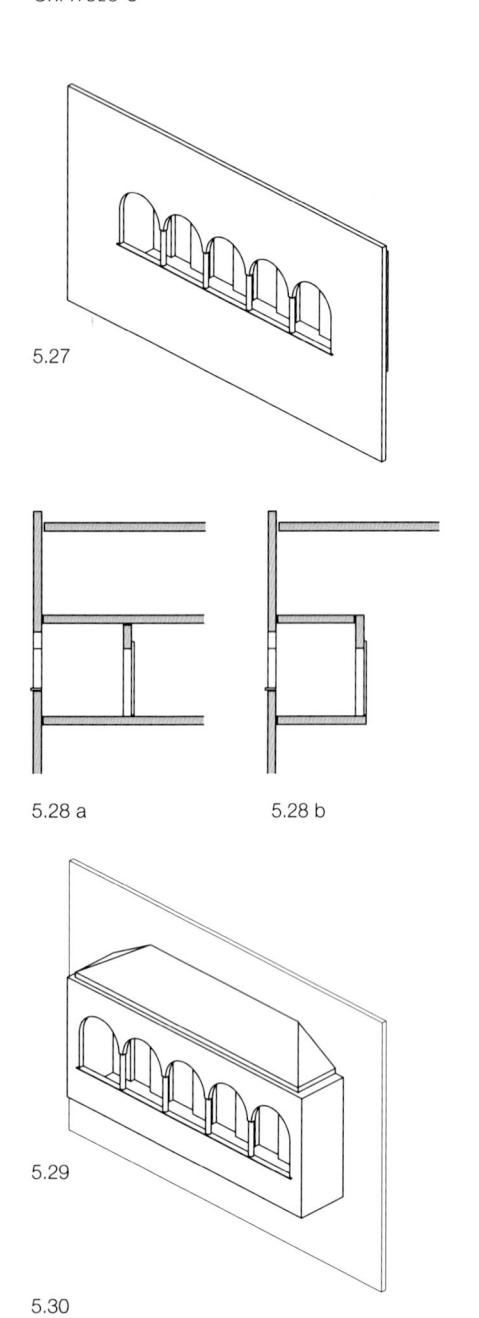

5.28 a   5.28 b

5.29

5.30

Balcões
Se o balcão que será representado tem forma de um murete maciço, a construção será análoga ao descrito para os volumes simples. Porém a descrição de alguns detalhes construtivos e decorativos deve ser realizada de forma diferente. Os balcões terão um coroamento ou peitoril, representado com uma camada de cartolina grossa ou plástico, levemente sobressalente da espessura da parede.

Se ao contrário, o balcão não é delimitado por uma parede maciça mas por um guarda-corpo, este pode ser realizado de muitos modos diferentes: o guarda-corpo pode ser feito de metal, com redes soldadas de malhas estreitas cortadas sob medida com tesouras, ou mediante pequenas tiras ou perfis de madeira ou plástico (fig. 5.31). O guarda-corpo composto por esses perfis será aplicado à parte, eventualmente colando provisoriamente as peças sobre uma folha de papel que posteriormente será retirada antes da montagem (fig. 5.32).

Bay window
A construção das bay windows será análoga à de outras caixas montáveis posteriormente na estrutura principal da maquete. Freqüentemente a base do elemento não é retangular mas poligonal. Nestes casos é

preciso ter especial atenção ao acabamento das arestas.

As esquadrias serão montadas sobre a peça antes da junção à caixa. Em relação à colocação dos vidros das bay windows de base poligonal, é preciso notar que, ao contrário das janelas, as faces à vista podem ser mais de uma e as arestas na qual se aplica a cola podem ficar visíveis. Nestes casos é aconselhável utilizar colas cianídricas de secagem rápida e será necessário ter especial atenção de evitar que a cola saia por fora (fig. 5.33).

Coberturas

As coberturas planas serão representadas com os elementos estruturais e de acabamento adequados com o grau de definição desejado; planos de cobertura, rodapés para coberturas acessíveis, peitoris (realizados como descrito para os balcões) sobre os guarda-corpos (fig. 5.34).

Para as coberturas inclinadas é necessário construir uma estrutura de planos inclinados com um material suficientemente rígido (cartão pluma) e depois revesti-la com cartão ondulado (cobertura de telha) ou chapas de metal gravadas (cobertura de chapa metálica).

Para o caso das coberturas curvas, os planos do telhado serão trabalhados com materiais maleáveis (plástico ou plexiglas) ou realizados diretamente sobre um molde (chapas de poliuretano ou tecido embebidos em gesso).

As calhas podem ser representadas utilizando um tubo, devidamente recortado, de um cartão normal para embalagens, ou perfis em forma de calha de plástico, madeira ou metal existentes nas lojas de

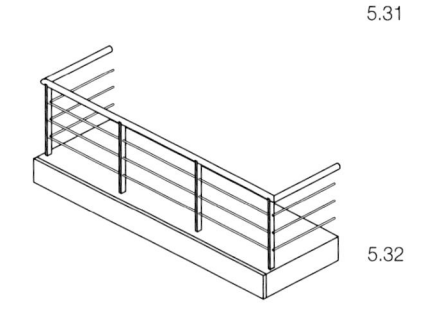

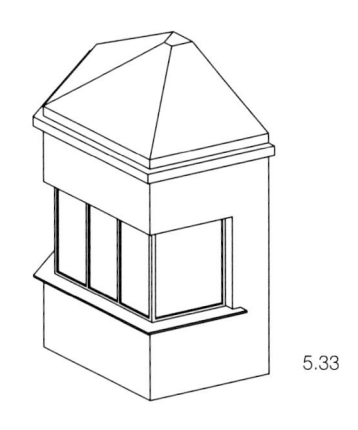

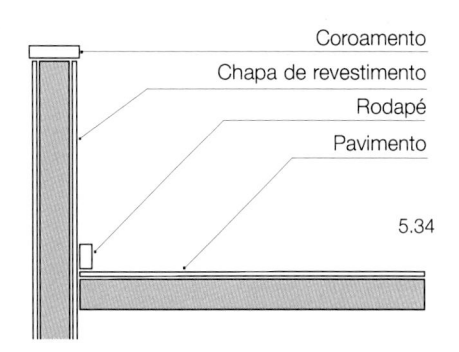

5.31

5.32

5.33

Coroamento
Chapa de revestimento
Rodapé
Pavimento

5.34

5.35

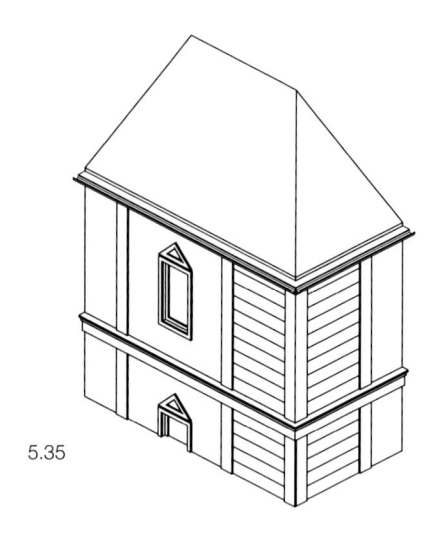

modelismo. Para a representação detalhada de tetos veja o capítulo "As coberturas".

Pequenas saliências
Antes de fazer a aplicação das pequenas saliências efetua-se a construção daquelas de grandes dimensões, descritas nas partes precedentes do item (balcões, galerias externas, bay window), e posteriormente aplica-se a representação da estrutura e dos detalhes da fachada (pilares, lajes marcadas na fachada) e as saliências de caráter decorativo, definidas como "pequenas saliências".

As "pequenas saliências" são todos os elementos funcionais ou decorativos que integram a construção dos volumes de um edifício. A esta categoria pertencem peitoris, tímpanos, cornijas, pilares, marquises, rodapés de pedra e todas as decorações previsíveis de uma fachada, assim como beirais, calhas e outros elementos funcionais do edifício.

As "pequenas saliências" têm normalmente dimensões e espessuras reduzidas mas são determinantes para a leitura e o realismo da maquete. De fato, a sua presença torna muito mais compreensível a escala do edifício e enriquece o jogo de luz e sombra da maquete, tornando-a mais interessante.

As reduzidas dimensões exigem uma especial precisão executiva. Ao mesmo tempo a montagem resulta extremamente simples, porque geralmente é suficiente colar a peça na maquete já preparada. Os pilares e marcações das lajes na fachada são feitos cortando o material (cartolina ou plástico) na medida, gravando eventuais partes decorativas (sulcos) e colando as peças já acabadas na caixa.

A construção de elementos decorativos mais complicados e repetidos (tímpanos, cornijas, faixas decorativas) é feita através da elaboração em série de todos os elementos, aplicando eventuais tintas ou decorações e colando-os no seu devido lugar no fim da montagem da maquete.

As calhas podem ser feitas com um pedaço de cartão ondulado. Corta-se uma onda e cola-se na borda do telhado.

Nas esquinas corta-se cada um dos dois sulcos que se interceptam no ângulo de 45º e coloca-se um reforço pela face inferior. No caso de que a calha seja feita com varetas plásticas ou perfis metálicos será suficiente colar a aresta de interseção com uma cola de secagem rápida (fig. 5.35).

O revestimento
O revestimento deve representar o material com o qual o edifício é composto, a sua textura e cor. Todas estas características não serão necessariamente descritas na maquete, que pode ser extremamente analítica mas não prever, por exemplo, informações sobre a cor. Porém é essencial que as características geométricas dos diferentes tipos de revestimento sejam descritas com suficiente precisão, de

5.36

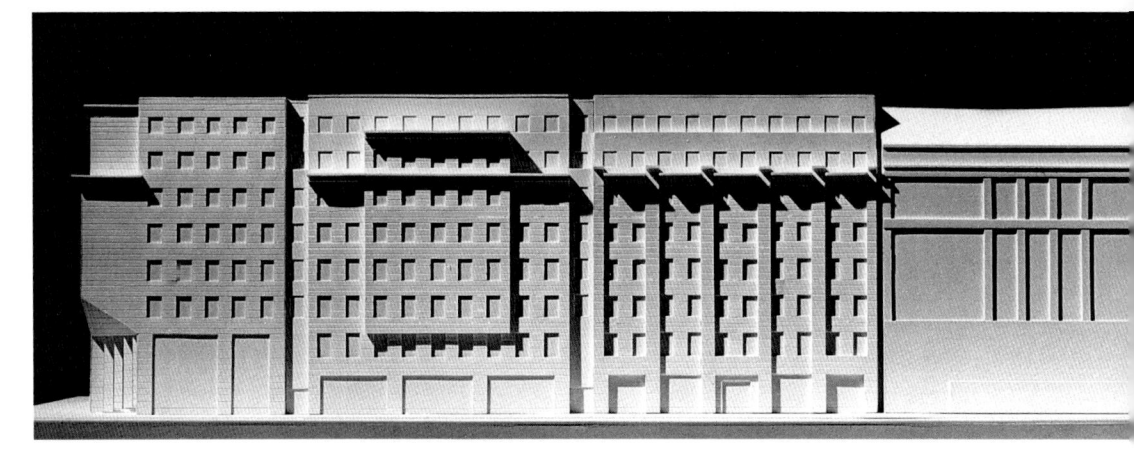

forma a permitir, mesmo na ausência de mais especificações, a compreensão da natureza dos materiais do revestimento (fig. 5.36).

Para descrever as características geométricas do revestimento, marcam-se as juntas sobre o material, se é uma parede de tijolo ou placas de pedra, ou paredes de blocos de pedra ou de painéis.

Para marcar as juntas no revestimento em geral é suficiente vincar o material (plástico ou papel) com a parte posterior do estilete ou com um material pontiagudo (fig. 5.37).

O revestimento deverá ser tratado antes de ser montado e, em geral, também antes de ser cortado, porque assim a operação de vincar é menos acidentada e mais rápida. Posteriormente aplica-se a cor ou o acabamento pretendido nas camadas de revestimento. A este respeito, é útil recordar que as cores em pó (óxidos, pigmentos, pastéis) esfregadas sobre as folhas vincadas depositam-se de forma irregular, ressaltando as juntas. Escolhemos alguns exemplos de revestimentos em escalas arquitetônicas. Para a representação dos revestimentos veja o capítulo 8.

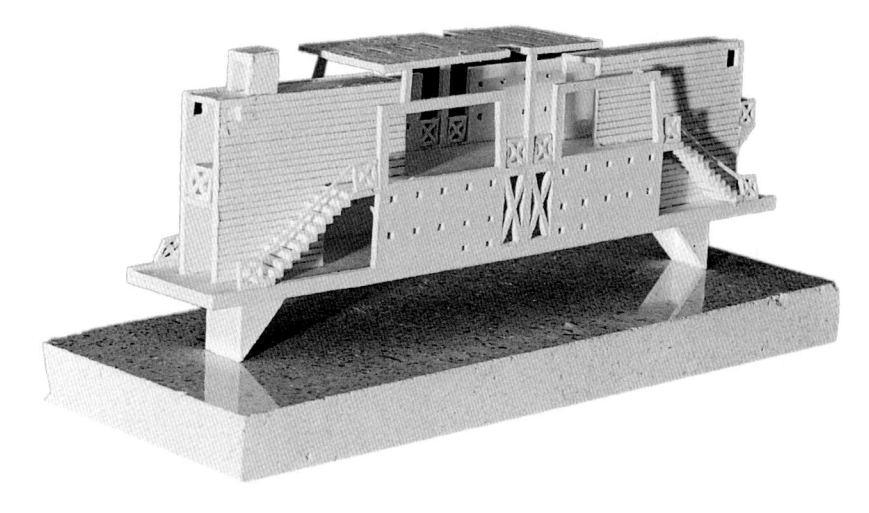

5.37

6 | AS COBERTURAS

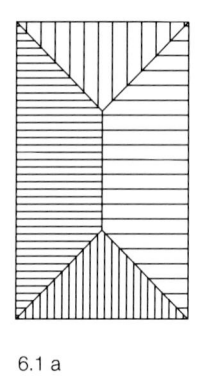

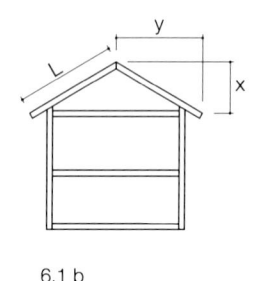

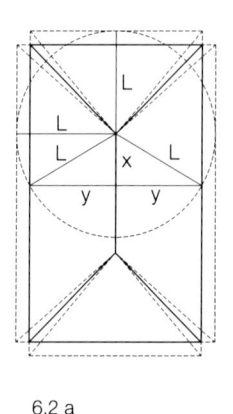

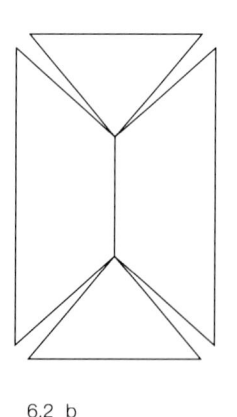

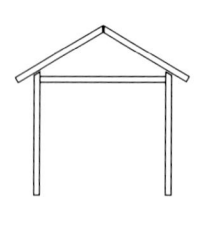

6.1 a

6.1 b

6.2 a

6.2 b

6.3

6.4

6.1 Coberturas inclinadas

OBJETIVO realizar uma cobertura inclinada conforme as diversas geometrias e materiais possíveis.

BASE planta de cobertura, cortes, fachadas.

MATERIAIS cartolinas rígidas, cartão pluma, plásticos rígidos para o plano dos telhados, cartolinas lisas e onduladas, plásticos e cores para o revestimento das coberturas e acabamentos.

METODOLOGIA os planos dos telhados devem ser construídos verificando que os lados onde as águas se interceptam sejam inclinados de modo a não deixar fissuras na aresta de união. Este resultado pode ser obtido mediante um corte inclinado (cartão pluma e cartolinas rígidas) ou lixando sucessivamente até efetuar o corte (plásticos). E depois deve ser colada a superifície da cobertura sobre o plano do telhado, esta pode ser feita com cartão ondulado para o caso de revestimento com telha, folhas marcadas para o caso de chapas, painéis e coberturas inclinadas para escalas maiores.

ACABAMENTOS as cores das coberturas poderão ser aplicadas antes ou depois das operações de montagem. Em seguida será possível aplicar os acabamentos, como calhas, beirais e cumeeiras.

Para construir um telhado inclinado será necessário inicialmente, escolher o material e o nível de acabamento que se pretende alcançar, definir a geometria do telhado e desenhar o seu caimento para ter o perfil das peças para cortá-las para a montagem.

Se o material das águas ficará visível (não revestido) é necessário ter especial atenção com a realização do ponto de encontro entre as águas que, por motivos geométricos, deverão ser cortadas ou moldadas de forma a não deixar juntas aparentes. Para o caso de águas revestidas com uma camada da cobertura não é necessário este tipo de precisão.

Para estabelecer as dimensões das águas é necessário conhecer a altura x da cumeeira e a medida da planta (fig. 6.1 a, b). É necessário, portanto, transportar sobre a planta a altura x da cumeeira que se pretende calcular. Pega-se no comprimento L (pode-se calcular trigonometricamente, mas é mais prático medir diretamente pelo desenho, que deverá ser suficientemente rigoroso). Conhecida a dimensão L corta-se a peça com a base da medida linear tirada da planta e a altura correta segundo o seu caimento (fig. 6.2 a, b). A medida das águas fica estabelecida, porém será necessário um controle "a seco" da adequação e congruência das várias partes antes de efetuar a colagem.

As arestas que estejam na cumeeira terão o mesmo comprimento para o caso dos materiais finos cuja espessura seja insignificante. Para o caso de materiais espessos (cartão pluma, cartões rígidos) é possível sobrepor as águas na cumeeira. Neste caso é preciso considerar que uma água é mais comprida que a outra devido à espessura equivalente do material. O resultado final será, em qualquer caso, suficiente só para maquetes de estudo ou como base para revestimentos posteriores (fig. 6.3).

Se o telhado não for revestido, a junta das águas deverá ser realizada tendo em conta a espessura do material. Se o material usado é cartão pluma se cortará a 45º, de forma que depois de colado absorva a junta, (fig. 6.4); se é poliestireno com medida parecida ou superior a um milímetro de espessura, o material deverá ser chanfrado a 45º com uma folha de lixa aplicada sobre uma base rígida.

Para telhados mais complexos é necessário descompor as diversas partes que constituem o edifício para reconstruir, como acima descrito, a geometria do caimento das águas (fig. 6.5 a, b). Na figura referida, pode-se notar que, normalmente, a cumeeira do corpo A terá uma cota mais baixa que a cumeeira do corpo B, porque se as inclinações das águas são iguais, quanto maior for a dimensão em planta maior será a altura. Construídas as águas, a fase posterior se refere ao acabamento ou ao revestimento da cobertura.

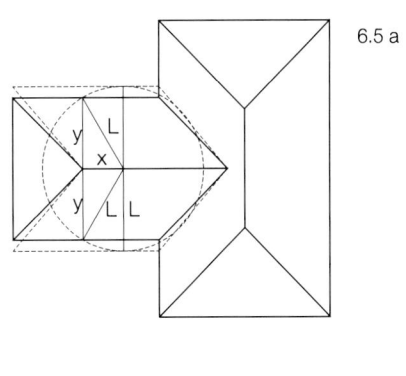

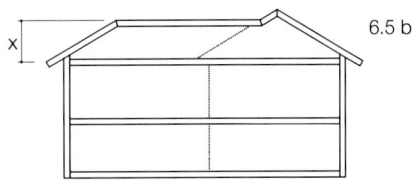

6.5 a

6.5 b

Capítulo 6

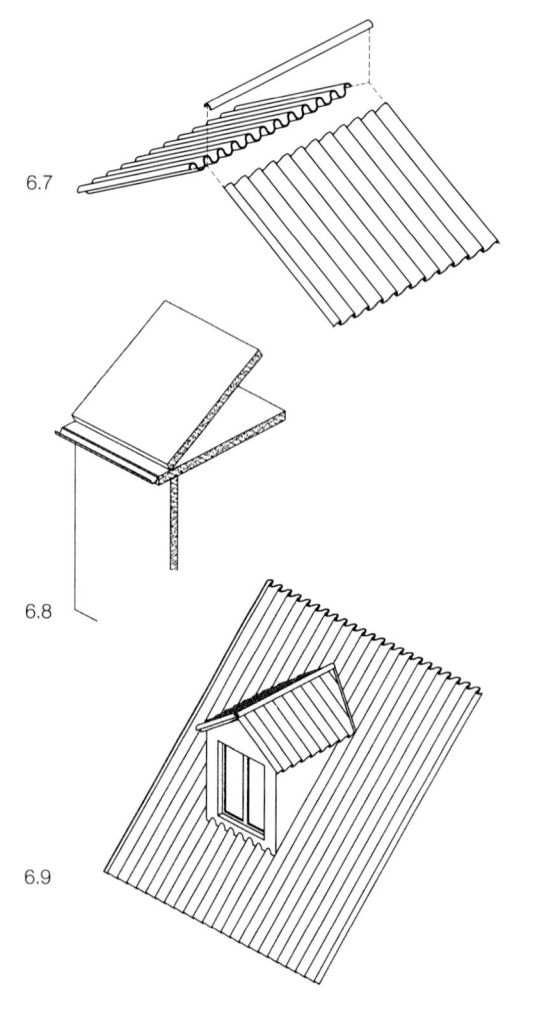

6.6

6.7

6.8

6.9

Coberturas de telha

Se a escala adotada for reduzida (1:200) a cobertura de telha poderá ser representada com cartolina ou com plástico marcados com linhas paralelas, como descrito no item "Revestimentos: tijolos". As linhas poderão estar distanciadas aproximadamente 2 mm ou até menos. A medida não corresponde necessariamente à distância real das telhas em escala. Para as escalas maiores (1:100, 1:50) pode ser utilizado cartão ondulado, revestido apenas por um lado (fig. 6.6). O cartão será pousado com as ondas paralelas à pendente do telhado e será possível realizar, se necessário, uma linha de cumeeira com uma onda do cartão cortada e esvaziada por detrás (fig. 6.7). As cumeeiras também poderão ser realizadas usando ondas de plástico ou perfis metálicos adquiríveis nas lojas de modelismo. As mesmas poderão ser utilizadas para realizar calhas e tubulações de descidas pluviais. Para maquetes de definição parcial ou de estudo, as calhas poderão ser representadas com uma simples diferença entre a medida da água e o plano da última laje (que será ligeiramente mais comprido que a projeção das águas) que, neste caso, sobressai como calha (fig. 6.8).

Clarabóias

As clarabóias tradicionais serão construídas como pequenos telhados com duas águas. Para determinar a geometria do desenvolvimento procede-se como descrito no item "Coberturas inclinadas". Também as paredes laterais, que sustentam a cobertura da clarabóia, deverão ser cortadas conforme a pendente da cobertura onde o elemento será montado. Uma vez construída a caixa da clarabóia com os acabamentos necessários será suficiente definir a posição correspondente na cobertura e colá-la (fig. 6.9).

6.2 Coberturas planas

OBJETIVO realizar uma cobertura plana com materiais e acabamentos (no caso de terraços e coberturas acessíveis).

BASE planta de cobertura, cortes, planta de pavimentos dos terraços.

MATERIAIS cartão pluma, plástico rígido para a estrutura dos planos da cobertura, cartolinas, plásticos e cores para os pavimentos dos terraços, das coberturas acessíveis e para os acabamentos.

METODOLOGIA cortar os planos das coberturas, construir os suportes para as coberturas sobre as paredes exteriores, colar. As camadas de revestimento da cobertura, seja acessível (pavimentos) ou não acessível (acabamentos betuminosos, cascalho, etc.), podem ser aplicadas antes ou depois da aplicação do plano de cobertura, dependendo das fases de montagem.

ACABAMENTOS aplicação da cor, para o caso que se realize depois da montagem, aplicação de rodapés para pavimentos de coberturas acessíveis.

Para a construção de uma cobertura plana é aconselhável aplicar no interior da caixa do edifício algumas placas de suporte, sobre as quais a cobertura será apoiada e colada (consulte o item "Paredes"). O plano deverá ser cortado com as dimensões do edifício, descontando a espessura das paredes.

Geralmente é mais cômodo aplicar também a camada de acabamento (veja o item "Organização de espaços externos e pavimentação") antes da montagem, a não ser que o acabamento seja uma simples pintura com spray, que será feita depois da montagem neste caso.

Para cobrir a junta que se forma entre o plano horizontal e os muros perimetrais pode-se aplicar depois da montagem uma faixa (cartolina, plástico) de acabamento na linha de união (rodapé) (fig. 6.10 e 6.11).

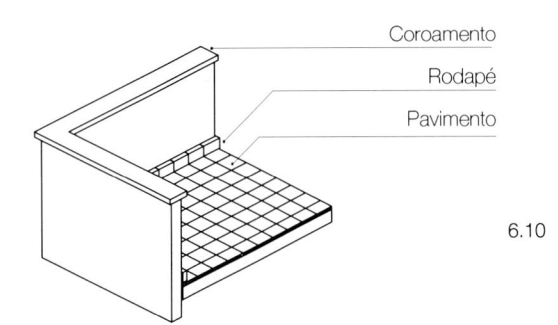

6.10

6.11

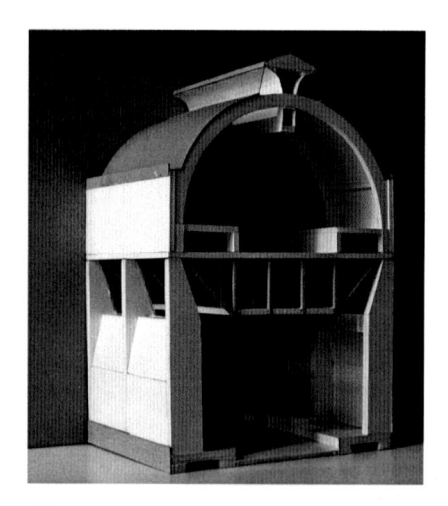

6.12

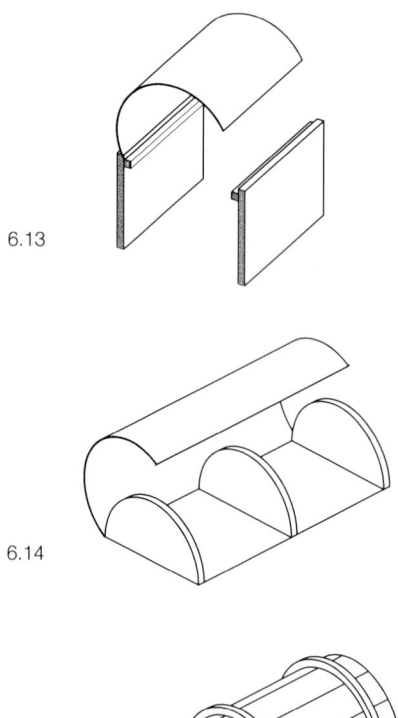

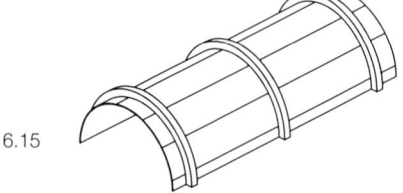

6.13

6.14

6.15

6.3 Coberturas curvas

OBJETIVO realizar uma cobertura curva de diversos materiais e geometrias.

BASE planta de cobertura, cortes, fachadas.

MATERIAIS cartolinas, plásticos finos, plexiglas fino ou acetato grosso, gesso com suportes de tecido ou poliuretano, poliestireno para os moldes do gesso.

METODOLOGIA as coberturas curvas poderão ser realizadas diretamente ou mediante moldes. No primeiro caso é necessário utilizar materiais de chapa ou minimamente flexíveis para permitir a curvatura. O segundo é especialmente útil se as peças a realizar forem mais de uma, se construirá um molde de espuma ou de plástico dobrado sobre o qual se aplicará o tecido embebido em gesso líquido. As peças serão obviamente preparadas à parte e depois aplicadas.

ACABAMENTOS para as coberturas realizadas diretamente, os acabamentos (cor, revestimentos) poderão ser aplicados depois da montagem. Para as peças realizadas com molde de gesso será necessário um acabamento com lixa e eventuais tratamentos de fixação para todos os casos.

A escolha da técnica para realizar coberturas curvas depende de alguns fatores:
a) a dimensão das coberturas a realizar;
b) o material que for adotado esteja em consonância com a maquete a realizar;
c) a necessidade de repetir esta cobertura na maquete.

Coberturas de pequenas dimensões
Quando as coberturas curvas tiverem dimensões reduzidas seja pela escala da maquete ou porque trata-se de elementos pequenos (lanternins, toldos), a forma mais simples é colocá-las em tensão entre elementos perimetrais (paredes, vigas) de um material suficientemente elástico para assumir a curvatura pretendida. Deverão ser utilizadas folhas de cartolina ou de plástico fino (poliestireno com 0,45 mm de espessura) (fig. 6.12 e 6.13).

Coberturas de maiores dimensões
Para coberturas de maiores dimensões será necessário construir cimbres de suporte nos quais se colará a placa da cobertura. A realização dos cimbres permite controlar a exatidão da geometria da seção da cobertura e, além disso, dá rigidez à curva que, ao ser de grandes dimensões, pode deformar-se facilmente (fig. 6.14).

Para o caso de maquetes de corte, ou nas quais o interior seja visível, a função dos cimbres pode ser assumida por alguns elementos estruturais como, por exemplo, os arcos. Obviamente, o acabamento dos arcos, se estes serão aparentes, deverá ser suficientemente preciso.

Se para realizar a cobertura curva for utilizada uma cartolina de uma certa espessura, poderá ser necessário cortar longitudinalmente a superfície de forma a facilitar a curvatura, esta que na cartolina poderia ficar irregular. Neste caso, os cortes realizados na face exterior (à vista) ou as costelas que se formam (se os cortes são realizados na face interior) são motivos que poderão ser aproveitados, dependendo do tipo de cobertura que se pretende representar (fig. 6.15).

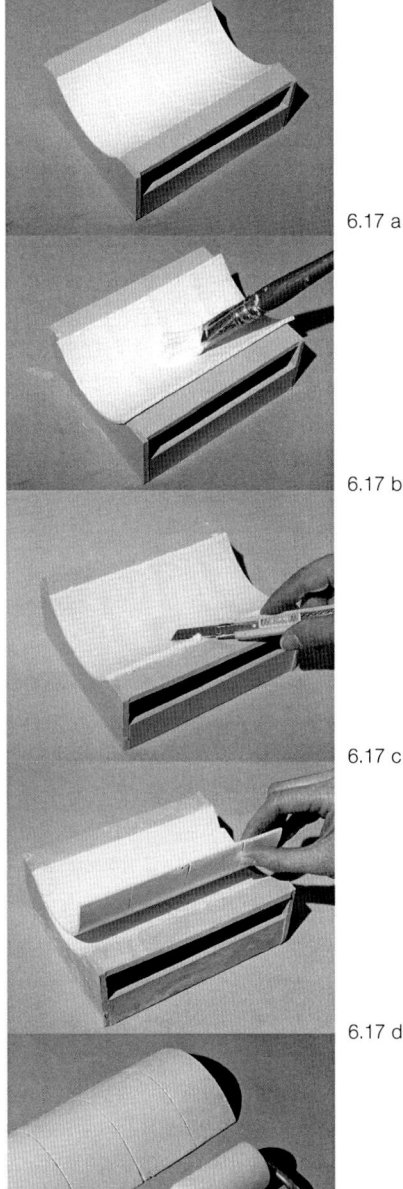

6.16

6.17 a

6.17 b

6.17 c

6.17 d

6.17 e

Capítulo 6

Coberturas repetidas ou modulares

Para coberturas que requerem, pelas dimensões ou pelas exigências expressivas, uma rigidez ou uma espessura notável, pode-se utilizar gesso (em pó para hidratar) com moldes perdidos ou reutilizáveis (coberturas repetidas) (fig. 6.16).

Para suprir as deficiências mecânicas do gesso, o material deverá ser utilizado sobre um suporte de tecido ou poliuretano que aumenta a sua resistência. É suficiente colocar o pó de gesso em uma bacia, acrescentar água até que o gesso se transforme em uma pasta muito fluída e depois imergir o tecido ou o poliuretano até que este fique embebido. Anteriormente deverá ter sido realizado um molde côncavo ou convexo (fig. 6.17 a-e) no qual será aplicado o tecido embebido de gesso até o seu endurecimento. É preferível utilizar chapas de plástico, porque o papel em contato com o gesso molhado pode se deformar e, além disso, o molde já não poderia ser reutilizado.

A face da cobertura que fica em contato com o molde resulta "acabada" (lisa) enquanto que a face oposta apresenta a superfície rugosa do gesso. A utilização de um molde côncavo ou convexo depende também de que face (interna ou externa) se pretende apresentar como acabada.

O molde pode ser *côncavo*. Neste caso será realizado em um material maciço moldado (cartão pluma) ou construindo um semivolume com lâminas de plástico e cimbres, como descrito na fig. 6.17 a-e. O molde poderá ser perdido, ou seja, ficar no interior do volume curvo da cobertura, ou então, poderá ser extraído depois do endurecimento. No segundo caso será aconselhável untar o molde com um lubrificante (óleo de vaselina) para facilitar a separação.

O molde pode ser *convexo*. Neste caso os cimbres serão exteriores e o semivolume colado no interior do molde dos cimbres. A recomendação de untar o molde antes da montagem é, neste caso, especialmente útil porque a separação de um molde côncavo é mais difícil que de um molde convexo. Caso se pretenda representar os elementos estruturais da cobertura, algumas tiras que marcarão o negativo da superfície podem ser inseridas no interior do molde (fig. 6.17 d).

Acabamento. Após a realização da estrutura da cobertura curva será possível aplicar um acabamento, que pode preceder ou substituir a pintura, com a finalidade de deixar perfeitamente lisa a superfície visível. Depois de estucar com gesso ou com estuque de paredes as eventuais imprecisões, aplica-se uma mão de tinta plástica (branca ou colorida), que deverá ser lixada com uma folha de lixa fina quando estiver seca (fig. 6.17 e). Esta operação pode ser repetida mais vezes até obter-se uma superfície perfeitamente lisa.

6.18

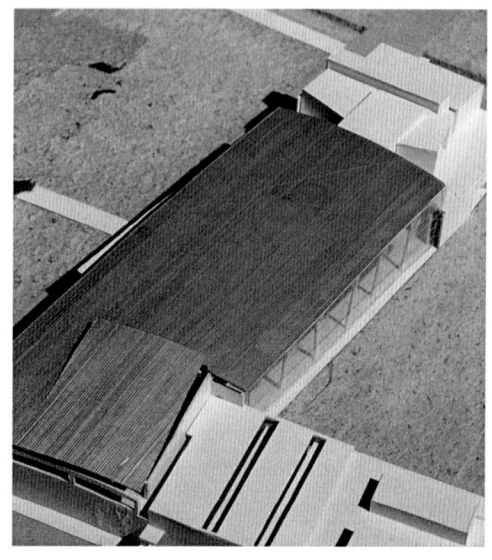

6.4 Coberturas metálicas

OBJETIVO realizar uma cobertura metálica em função das diversas geometrias.

BASE planta de cobertura, cortes, fachadas.

MATERIAIS chapas de cobre ou alumínio, cartolinas coloridas.

METODOLOGIA os materiais para a realização das coberturas metálicas serão finos. Portanto será necessário, salvo o caso de coberturas muito pequenas, colar as chapas da cobertura como revestimento sobre uma cobertura realizada independentemente (veja, conforme o caso, o item "Coberturas inclinadas" ou "Coberturas curvas").

ACABAMENTOS é possível, caso se pretenda obter o efeito do cobre oxidado (verde), utilizar óxidos ou pastéis esmigalhados e esfregados sobre a cartolina. Para o metal é possível oxidar o cobre com produtos químicos.

As coberturas metálicas poderão ser representadas com uma simples diferença de cor em relação às paredes externas da maquete. Para o caso de uma maquete monocromática (branca) é suficiente utilizar uma tonalidade mais escura para a cobertura (cinzento).

Para maquetes mais analíticas, a representação deverá prever a cor (cartolina colorida) ou o material (fig. 6.18). Para o caso de uma cobertura de cobre, a representação será realizada com uma chapa de cobre previamente oxidada.

Para oxidar o cobre é possível utilizar ácidos de uso doméstico; basta deixar a lâmina de cobre em imersão durante o tempo necessário para a oxidação.

A cobertura poderá mostrar as juntas das chapas de metal, que serão realizadas marcando as juntas sobre a superfície do metal ou do cartão com a parte detrás do estilete.

Dobrando a borda exterior da água com a ajuda de um esquadro podem ser realizadas as calhas. Para o caso de dimensões reduzidas será aconselhável fazer uma incisão na face oposta ao sentido da dobra para simplificar e regularizar a mesma.

Posteriormente podemos realizar o fechamento da cumeeira, dobrando uma tira do material escolhido com a largura pretendida, depois de ter marcado a linha da dobra com a ajuda de um estilete (fig. 6.19).

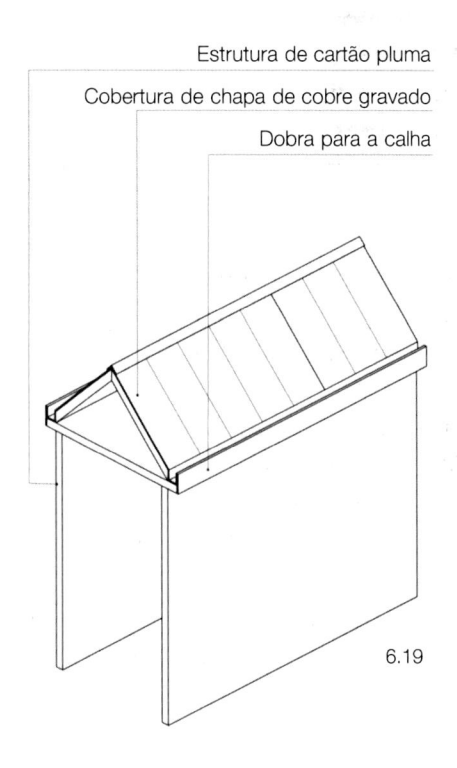

Estrutura de cartão pluma
Cobertura de chapa de cobre gravado
Dobra para a calha

6.19

6.5 Coberturas transparentes

Objetivo realizar uma cobertura transparente ou translúcida em função das diversas geometrias.

Base planta de cobertura, cortes, fachadas.

Materiais plexiglas fino e médio (1 – 2 mm) ou acetatos grossos.

Metodologia as coberturas transparentes podem ser curvas, ou constituídas por planos (inclinados ou não). Para o caso de coberturas curvas, o material deverá ser suficientemente fino para permitir a curvatura. Para o caso de coberturas inclinadas, a aresta de encontro (cumeeira) deverá ser tratada, chanfrando cuidadosamente os dois planos de forma que coincidam exatamente.

Acabamentos eventuais linhas de marcação (para indicar a divisão entre os vidros) serão realizadas antes da montagem. Para tornar as superfícies opacas (translúcidas), os planos em ambas as faces deverão ser lixados com folha de lixa. Depois da montagem será necessária uma lixada complementar.

Coberturas inclinadas transparentes

As coberturas inclinadas transparentes serão realizadas de forma análoga às coberturas inclinadas opacas, isto é, calculando a geometria de caimento, cortando a cobertura e aplicando-a depois sobre as paredes externas do volume a fechar ou sobre a estrutura de suporte. O material preferível é o plexiglas fino (1 mm), que permite um corte ágil e resulta facilmente trabalhável nas arestas de interseção entre as águas (fig. 6.20).

Coberturas curvas transparentes

As coberturas curvas transparentes serão construídas com técnica análoga ao anteriormente descrito, isto é, pondo em tensão ou colando sobre cimbres (neste caso sempre visíveis) algumas chapas transparentes suficientemente finas para serem dobradas. O material mais adequado é o acetato grosso, porque o plexiglas fino tem uma rigidez que limita a sua utilização em curvas pouco acentuadas e o papel vegetal é absolutamente desaconselhável pela sua pouca resistência e pela sua sensibilidade às diferenças de umidade.

A colagem da cobertura aos cimbres (de preferência de plástico–poliestireno) será feita mediante colas cianídricas de secagem rápida ou com clorofórmio aplicado com pincel (veja "Técnicas de colagem").

No primeiro caso, a colagem será imediata, porém a superfície transparente pode sujar facilmente. Utilizando o clorofórmio é mais fácil manter a limpeza da execução. É aconselhável, dado o tempo mais longo de secagem do clorofórmio, manter a peça sob pressão com fita adesiva (fig. 6.21).

Acabamento. Os acabamentos das coberturas transparentes deverão ter em conta o aspecto que a superfície poderá assumir em função das necessidades expressivas.

Superfície transparente: se a superfície deve ser perfeitamente transparente se utilizará acetato (ou plexiglas conforme as advertências acima referidas) natural. Será necessário especial atenção para a colagem e ter sempre presente que uma superfície completamente transparente deixará perfeitamente à vista toda a parte coberta, que portanto, deverá ser executada com a precisão análoga às partes exteriores.

6.20   6.21

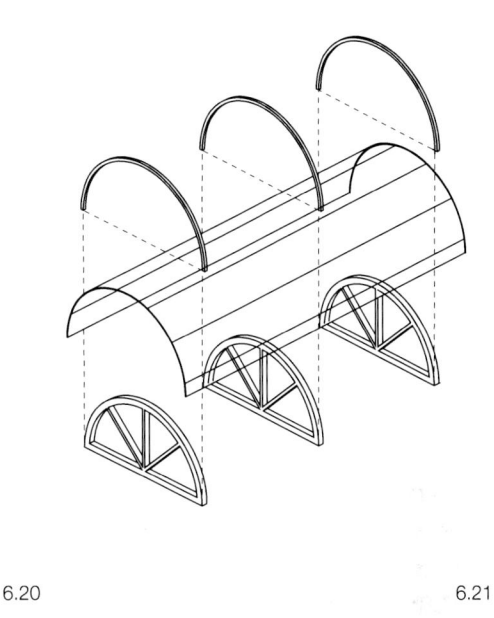

Superfície translúcida: se deseja representar uma superfície opaca ou translúcida, ou se simplesmente a economia da maquete sugere não representar os interiores, deve-se tratar a superfície da cobertura com lixa em uma ou em ambas faces do acetato, para torná-lo opaco. Neste caso, as eventuais imprecisões de colagem ficam menos evidentes.

Divisões da cobertura: se a cobertura que se pretende representar está dividida por estruturas, estas poderão ser transportadas e marcadas sobre a superfície, seja ela transparente ou translúcida. Se a escala mais analítica sugere uma diferença de material entre vidros e esquadria, podem ser coladas fitas de poliestireno que reproduzam o desenho da cobertura e, além disso, elas apresentam a vantagem de cobrir eventuais imprecisões de colagem entre a cobertura e a estrutura de suporte.

6.6 Pérgolas

OBJETIVO realizar a cobertura de pérgolas envidraçadas ou opacas, e a estrutura que a suporta. Para realizar a cobertura devem ser seguidas, conforme os casos, as indicações dos itens precedentes (coberturas planas, inclinadas, curvas e transparentes). Para a estrutura devem ser seguidas as indicações apresentadas no capítulo "As paredes".

ACABAMENTOS quando se trata de estruturas simples e de dimensões limitadas, será necessário ter muita atenção na precisão executiva e na descrição dos detalhes necessários para a compreensão da escala, como calhas, estruturas de suporte, cumeeiras, etc.

A construção das pérgolas, sejam opacas, transparentes ou translúcidas, seguirá as indicações

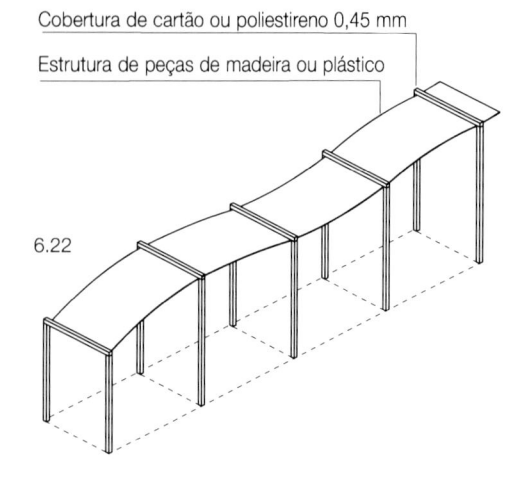

Capítulo 6

6.22

Cobertura de cartão ou poliestireno 0,45 mm
Estrutura de peças de madeira ou plástico

6.23

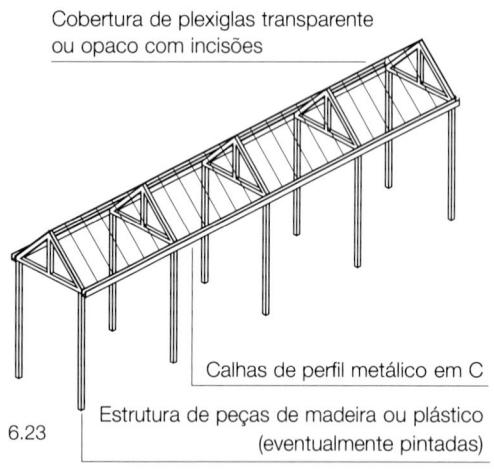

Cobertura de plexiglas transparente ou opaco com incisões
Calhas de perfil metálico em C
Estrutura de peças de madeira ou plástico (eventualmente pintadas)

6.24

dos itens relativos à construção dos tetos, segundo os diversos acabamentos e materiais dos quais a pérgola é feita.

A única advertência importante é a precisão e a perfeita colocação na esquadria dos elementos de suporte, que em geral são livres e, portanto, extremamente visíveis. Pode ser útil construir apoios em esquadro durante a colagem. Nas figuras 6.22 e 6.23 estão representados dois exemplos de pérgolas.

Para colar superfícies muito reduzidas, como sucede na construção das estruturas de suporte, será necessário utilizar colas de alta resistência e de secagem rápida, como as colas cianídricas (fig. 6.24).

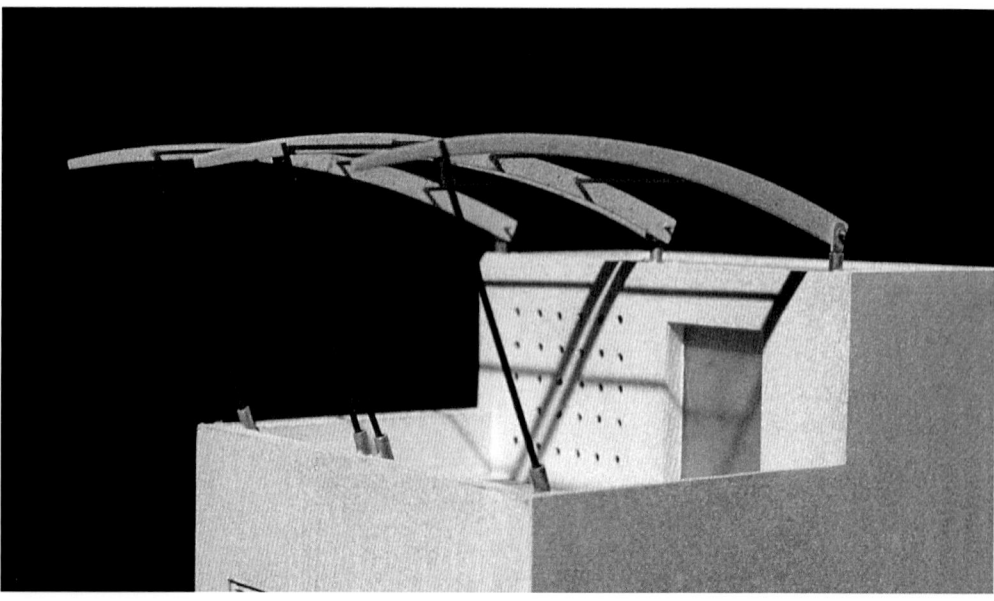

AS ABERTURAS ENVIDRAÇADAS | 7

Este capítulo contempla a realização das zonas envidraçadas da maquete com as escalas e graus de definição que tornam necessários a utilização de materiais que evoquem o efeito do vidro, como o plexiglas.
Para as maquetes mais abstratas ou por exigências expressivas, que requerem representações menos definidas remitimos à descrição das janelas no capítulo "As paredes", no qual são ilustrados alguns métodos menos analíticos para representar as aberturas de um volume (fig. 7.1).

OBJETIVO realizar a representação em maquete das aberturas envidraçadas conforme as diferentes escalas e modalidades expressivas.

BASE desenhos (plantas, cortes, fachadas) em escala apropriada (1:200, 1:20).

MATERIAIS plexiglas de 1 mm de espessura, placas de poliestireno (0,45 mm), perfis em L ou H de madeira ou metal (para modelismo), cores.

METODOLOGIA as janelas e outras aberturas envidraçadas serão realizadas com chapas de plexiglas natural ou lixado com lixa fina até torná-lo opaco. Dependendo das escalas de definição, poderão ser colados os perfis de fechamento sobre as vidraças, realizados com tiras de cartolina ou plástico. Em escalas mais de detalhes (1:20, 1:10) as esquadrias poderão ser realizadas com perfis para modelismo de madeira ou metal colados.

ACABAMENTOS a coloração eventual das esquadrias será sempre efetuada antes da montagem, mesmo utilizando materiais já coloridos, porque as dimensões reduzidas dos perfis tornam excessivamente complicado o tratamento e pintura depois da montagem.

7.1

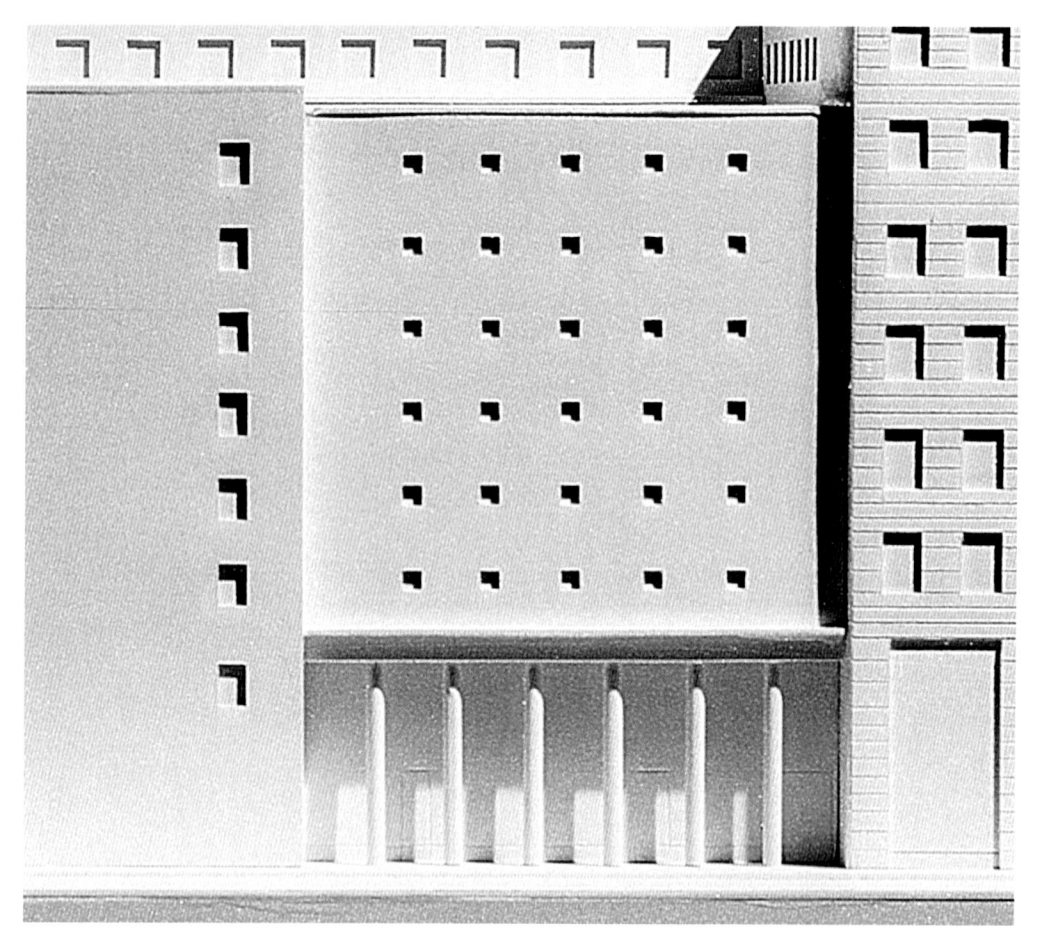

	2mm
Corte	
Plexiglas	
Adesivo	
Fachada (lado exterior)	

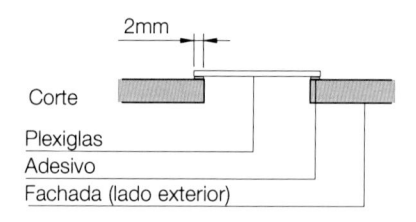

7.2

7.1 As janelas

O material base para a representação analógica das janelas deverá apresentar características similares às do vidro. Geralmente utilizam-se chapas de plexiglas de 1 mm de espessura, suficientemente resistentes e fáceis de cortar na medida com as incisões de estilete.

Para exigências especiais é possível utilizar materiais e espessuras diferentes: mais espessos, como o plexiglas de 2 mm, porém com o inconveniente de dificuldades no corte; mais finos, como o acetato, mas que apresenta problemas para manter-se plano. Esta característica é útil para os casos em que se pretenda realizar superfícies curvas.

A parte envidraçada da janela poderá ser deixada natural (transparente) ou pode ser passada uma lixa fina para deixar sua suprefície translúcida. Os diferentes graus de opacidade do tratamento obtêm-se trabalhando apenas uma ou ambas faces do plexiglas.

Se é somente uma face pode-se, conforme o efeito desejado, deixar à vista a superfície tratada ou mesmo natural.

O plexiglas natural é perfeitamente transparente e, portanto, pode ficar "invisível" se a janela for representada com uma simples superfície de plexiglas. É aconselhável utilizar o plexiglas translúcido para as escalas maiores (1:200, 1:100) que em geral não prevêem a representação das esquadrias. Desta forma, as aberturas adquirem uma maior materialidade.

Para escalas mais analíticas (1:50, 1:20, 1:10) pode-se, ao contrário, utilizar o plexiglas natural. Neste caso é preciso ter presente que também o interior da maquete, por trás dos vidros, fica à vista, e portanto, deverá ter uma definição pelo menos parcial.

Se a janela for revestida, a realização das janelas deve levar em consideração a espessura do revestimento no interior da janela (veja o capítulo "As paredes").

Cornijas, tímpanos e decorações de grande relevo em volta das janelas poderão ser aplicados na maquete antes da montagem das janelas. Parapeitos, grades e tudo o que está na frente do plano das janelas será aplicado depois da montagem das mesmas (veja o capítulo "As paredes").

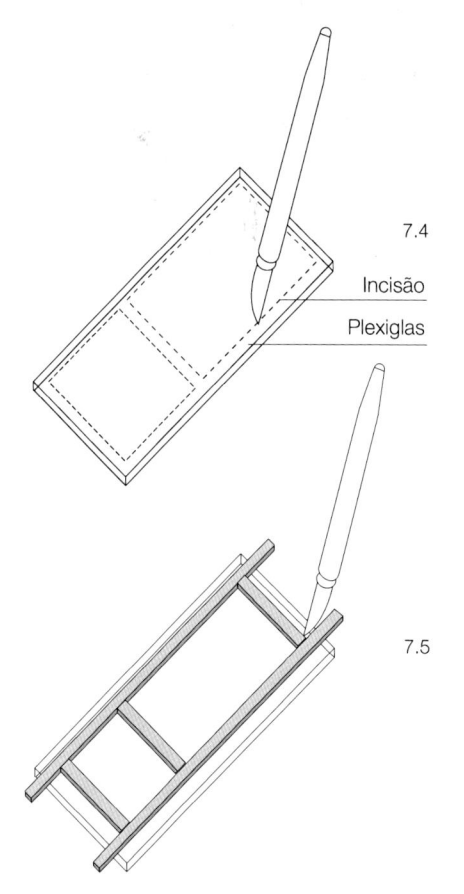

7.3

7.4
Incisão
Plexiglas

7.5

7.6 a

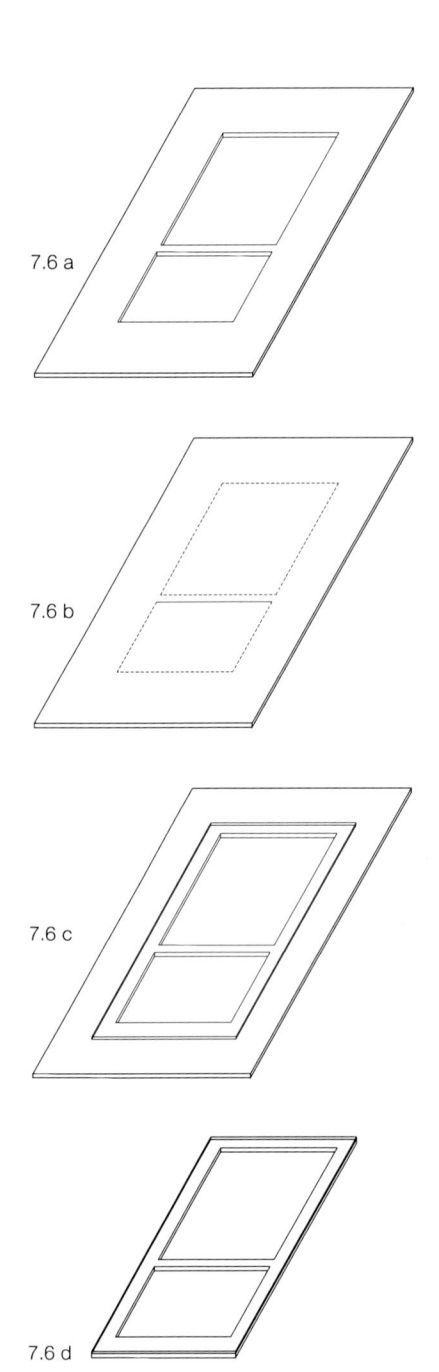

7.6 b

7.6 c

7.6 d

Para uma descrição detalhada das operações necessárias para realizar maquetes de esquadrias serão expostas as diversas tipologias com referência à escala de representação.

Janelas na escala 1:200, 1:100

A representação das aberturas em escalas arquitetônicas (1:100, 1:200) pode ser realizada mediante simples rebaixes e inserindo um material que distinga cromaticamente a abertura das paredes exteriores no vão. Esta técnica, que pertence à simples definição volumétrica dos elementos, está descrita no capítulo "As paredes".

Ao contrário, quando quiser representar também o efeito material das aberturas envidraçadas, estas podem ser realizadas com materiais transparentes ou translúcidos que lembre o efeito do vidro. As chapas de plexiglas serão cortadas com uma medida ligeiramente superior à abertura da parede (pelo menos 2 mm de cada lado) de forma que premitam a colagem, que será feita pela parte posterior (parte interior da maquete) (fig. 7.2 e 7.3).

Se as exigências expressivas ou a escala (1:100) requerem uma representação mais específica das janelas, podem ser marcadas as linhas principais das esquadrias sobre o material. Para o caso que o plexiglas seja translúcido é melhor fazer a incisão antes de lixar o material. Deste modo, as linhas ficarão mais evidentes (fig. 7.4).

Aconselha-se, como referido na introdução do capítulo, utilizar plexiglas translúcido para as escalas de representação arquitetônicas, seja pela maior evidência do efeito final, seja pela possibilidade de cobrir melhor as eventuais imprecisões na fase de montagem, extremamente provável com superfícies de colagem muito reduzidas.

Janelas na escala 1:100, 1:20

Quando a escala de representação preveja uma definição de detalhe analítico é necessário introduzir elementos posteriores de leitura que descrevam a estrutura das janelas. Será necessário não limitar a descrição pela diferença de materiais (paredes, plexiglas) mas também representar as divisões dos vidros, ou seja, a esquadria.

Para realizar as esquadrias deverá ser utilizado material de chapa (cartolinas, poliestireno, madeira) que será cortado em tiras finas (1-2 mm) e colado para reproduzir o desenho das divisões (fig. 7.5).

É aconselhável marcar a linha de colagem com um estilete sobre o plexiglas (como na fig. 7.4) e colar tiras mais compridas que a medida final, para depois cortá-las no lugar com um simples corte de estilete. Este truque permite uma colagem com precisão apesar das superfícies serem muito reduzidas.

Outro método consiste em cortar máscaras das chapas do material escolhido, que reproduzam o desenho das esquadrias, e depois colá-las sobre o plexiglas. Desta forma obtém-se uma superfície sem juntas que, apesar do maior tempo de realização em relação ao método precedente, apresenta uma maior limpeza na apresentação (fig. 7.6 a-d).

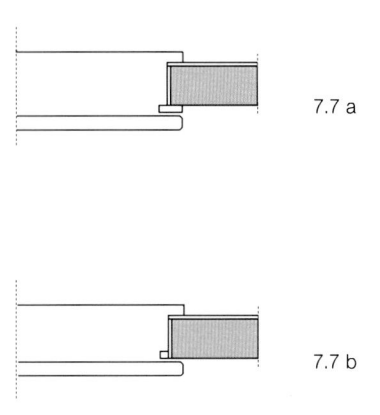

Para ambos métodos apresentados (tiras finas e máscaras) é possível escolher se as esquadrias deverão na fase de montagem sobrepor-se às paredes externas (fig. 7.7 a) ou se ao longo de todo o perímetro deverão ter somente a própria espessura (fig. 7.7 b). No primeiro caso, a colagem é mais simples, porém a abertura na parede deve ser extremamente precisa, senão a linha de encontro fica irregular. No segundo caso, a medida das esquadrias já está determinada (não depende de eventuais imprecisões da parede externa).

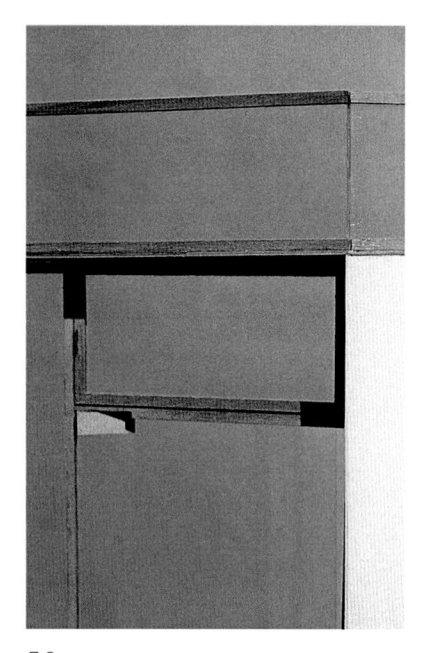

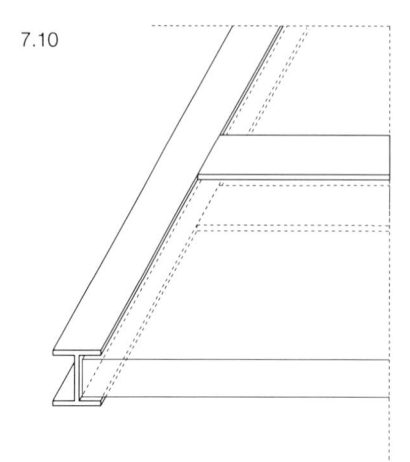

Se as esquadrias são coloridas é aconselhável utilizar um material já colorido ou pintar o material (com spray) antes da montagem sobre o plexiglas (fig. 7.8).

Janelas na escala 1:20, 1:5

A representação de maquetes de detalhes não se limitará à fachada externa das esquadrias, mas descreverá também a espessura e a estrutura. Neste caso deverão ser utilizados perfis de madeira ou de metal, normalmente adquiríveis nas lojas de modelismo. Os perfis mais úteis são em H, em L e retangulares. As medidas dos perfis, para o caso de escalas de detalhe, deverão ser exatas em relação à escala e à realidade. Assim, se deseja representar uma esquadria que na realidade tem um perfil de 60 x 60 mm, na escala de 1:10 se utilizará um perfil de 6 x 6 mm (fig. 7.9 e 7.10).

7.9

7.10

7.2 Estufas e vidraças

METODOLOGIA as metodologias de realização são análogas ao descrito no item precedente "As janelas". A única advertência refere-se ao caso, freqüente sobretudo na arquitetura contemporânea, de varandas, estufas ou vidraças de grandes dimensões com forma curvilínea. Neste caso é aconselhável utilizar chapa de acetato grosso em vez de plexiglas, que sendo rígido dificulta a curvatura.

A representação de estufas e vidraças será executada com as mesmas técnicas descritas para as esquadrias simples (fig. 7.11). Para o caso de vidraças curvas deverá ser utilizado acetato grosso mantido em tensão entre as paredes e a cobertura que o delimitam. As divisões das esquadrias poderão ser aplicadas antes ou depois da colocação da superfície envidraçada. Também é possível utilizar o plexiglas curvando-o sobre um molde depois de aquecê-lo com água fervendo ou vapor, mas o resultado nem sempre é regular. Apresentamos, a título de exemplo, uma estufa envidraçada na fig. 7.12 a, b, c.

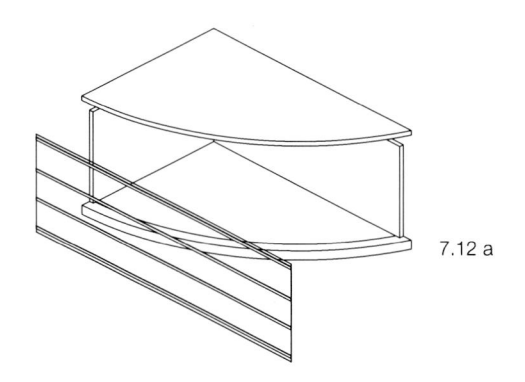

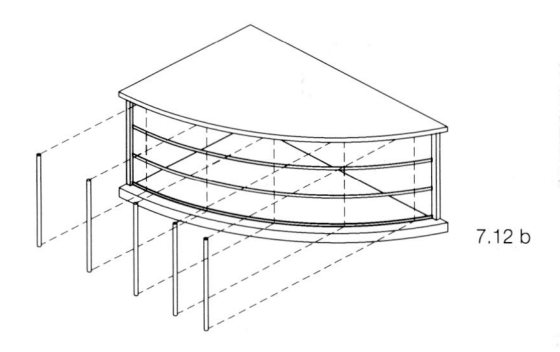

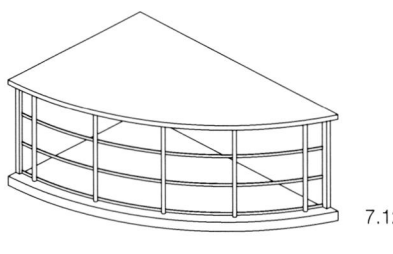

7.12 a

7.12 b

7.12 c

7.11

8.1

O REVESTIMENTO | 8

A aplicação das camadas de revestimento (rodapés, materiais de fachada, divisões) se refere às maquetes que se pretende descrever de modo detalhado as características. Para conseguir a síntese necessária para a construção dos materiais e texturas aptas para a representação dos revestimentos é necessário reconhecer algumas simples características, como a opacidade, a transparência, a continuidade ou a descontinuidade, a casualidade ou a precisão, a naturalidade ou a artificialidade. Deste modo, a representação seleciona as características essenciais e as relações entre os diversos materiais segundo as dicotomias de categorias. A decisão de representar os aspectos materiais, em especial o caso das maquetes em pequena escala ou sintéticas, permite uma descrição freqüentemente mais eficaz que as descrições analíticas do material, que podem ficar confusas ou enganosas em relação ao objetivo comunicativo da maquete. Porém é importante que o grau de síntese e a relação entre as representações dos diversos materiais sejam verificados, de forma que as hierarquias e as diferentes características sejam imediatamente compreensíveis. Uma verificação útil da eficácia da representação obtém-se controlando que o reconhecimento do material representado seja suficiente, mesmo na ausência de indicações cromáticas.

OBJETIVO realizar os revestimentos das paredes externas conforme os diversos materiais e desenhos.

BASE desenhos (plantas, cortes, fachadas) em escala apropriada (1:200, 1:20), fotografias.

MATERIAIS cartolinas (brancas e coloridas), chapas de madeira e outros materiais, placas de poliestireno (0,45 mm), cores.

METODOLOGIA os revestimentos (tijolos, pedras, pedras aparelhadas, painéis) são em geral representados por uma camada que, natural ou pintada, indica o material sobre o qual são marcadas as juntas. Em seguida as camadas serão coladas nas paredes externas, tendo atenção que, nas esquinas, as juntas de uma parede coincidam com as da parede adjacente.

ACABAMENTOS a pintura poderá ser realizada antes ou depois da montagem. Em todos os casos, normalmente é necessário retocar as arestas depois da montagem.

Os revestimentos constituem um elemento essencial na representação de um edifício por permitir o reconhecimento das diferentes características materiais do conjunto e das suas partes (fig. 8.1).

A descrição da natureza dos diferentes revestimentos poderá ser muito simples,

CAPÍTULO 8

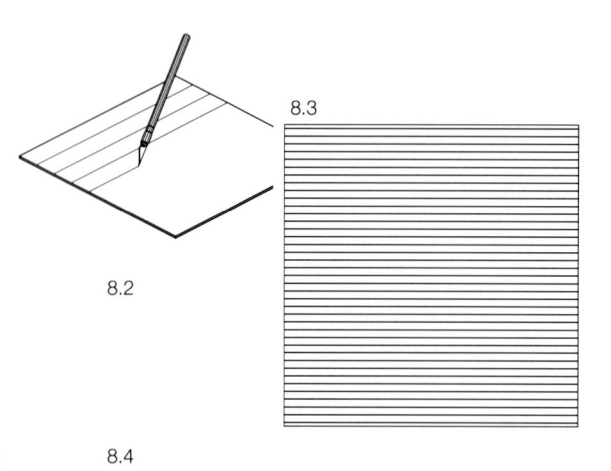

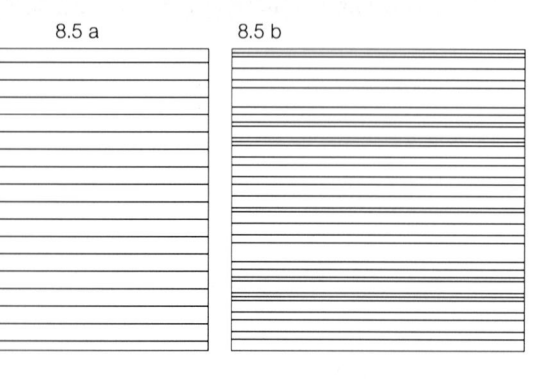

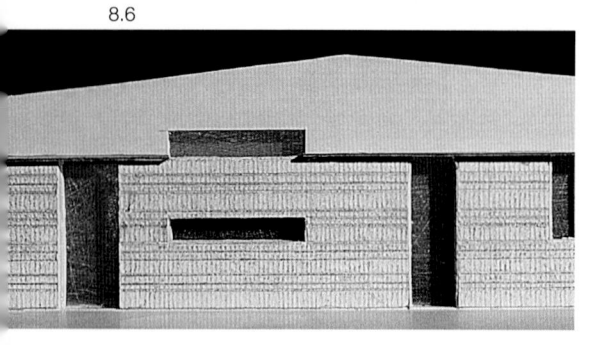

8.2

8.3

8.4

8.5 a   8.5 b

8.6

porém prestando atenção para que as diferentes partes da maquete tenham um nível de definição análogo, isto é, que não haja partes descritas com todos os detalhes e partes sintetizadas ao extremo.

O revestimento deverá representar o material que compõe o edifício: a sua textura e cor. A preparação das chapas de revestimento deve ser feita antes do corte das próprias peças, de forma que as texturas (por exemplo, as juntas dos tijolos) sejam o mais uniforme possível.

É importante efetuar provas antes da execução do revestimento, para verificar o efeito que se pretende obter e realizar as peças necessárias posteriormente.

Os diferentes materiais serão representados para descrever de forma sintética as características da superfície.

Tijolos

Para representar uma parede de tijolo, as juntas horizontais devem ser desenhadas a uma distância que torne legível a dimensão horizontal e vertical das juntas. A distância entre as linhas não corresponde necessariamente à medida em escala das juntas, principalmente para as maquetes de escalas maiores.

A marcação nas chapas, seja de plástico (poliestireno) ou cartolina, realiza-se com a parte detrás do estilete ou com um elemento pontiagudo (pouco afiado para não cortar o material). Pode-se também utilizar a ponta metálica de uma lapiseira fina (0,3 ou 0,5 mm) (fig. 8.2).

Para traçar o revestimento marcam-se as juntas horizontais em distâncias regulares (fig. 8.3).

Para marcar de forma mais evidente o efeito claro-escuro das juntas é possível utilizar a técnica de esfregar grafite ou tintas em pó sobre o revestimento como explicado detalhadamente no capítulo "Cores" (fig. 8.4).

Pedra

Nas maquetes de escalas maiores, a técnica para representar o efeito da pedra é análogo ao descrito para o tijolo, com a única diferença que as linhas deverão ser marcadas a uma distância maior ou irregular (fig. 8.5 a, b; fig. 8.6).

Nas maquetes de escalas menores, ou para revestimentos realizados com pedras de grandes dimensões, pode ser necessário marcar algumas juntas verticais, de forma a representar melhor a estereotomia do revestimento (fig. 8.7).

Finalmente, é possível representar as pedras em relevo, como cartões cortados à medida e colados na superfície a revestir. Também para a pedra, a estereotomia do revestimento pode ser marcada com um tratamento de cor (fig. 8.8 e 8.9 a, b).

Pedras emparelhadas

Este é um caso especial do revestimento de pedra. Portanto, o tratamento será análogo ainda que para as escalas menores existirão algumas diferenças. Os cartões das pedras emparelhadas, para o caso das maquetes de definição detalhada, poderão ser moldados individualmente antes da montagem.

Painéis

Na execução de uma maquete de arquitetura, os painéis podem ser comparados com outros materiais de revestimento de formato constante (por exemplo, chapas e pranchas), porém é necessário evidenciar algumas das características peculiares desta categoria de

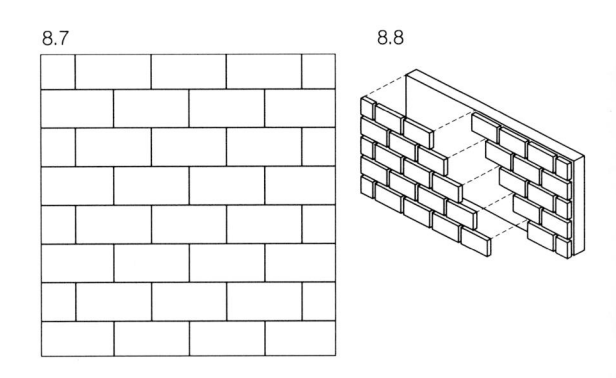

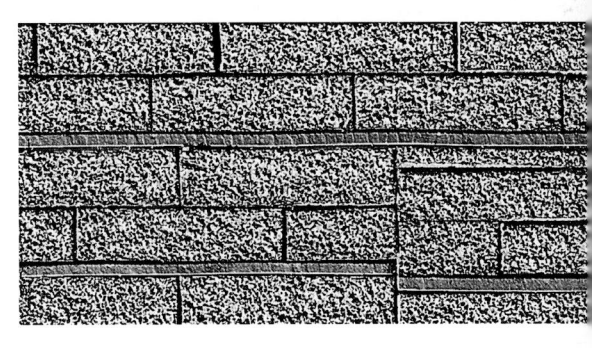

8.10
8.11
8.12
8.13

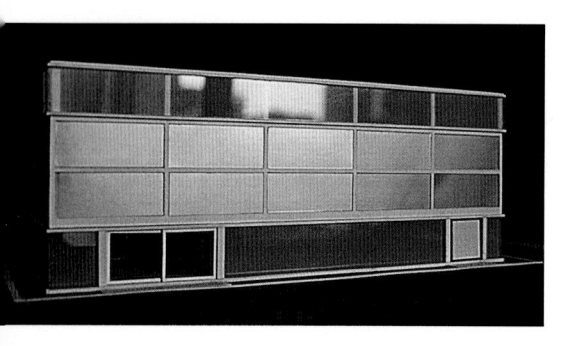

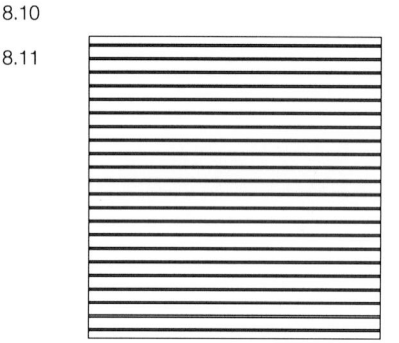

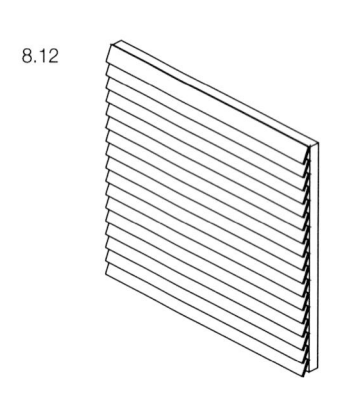

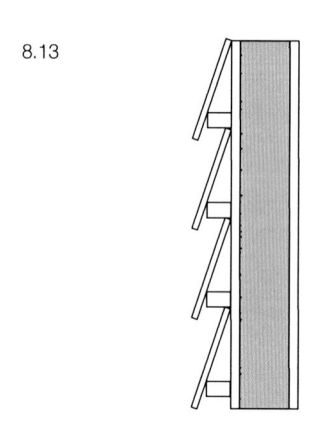

revestimentos, como dimensões, corte e materiais.

Para representar este tipo de revestimento, além de possíveis tratamentos superficiais, possivelmente com cor, marcam-se as juntas (verticais e horizontais) para assinalar a fixação dos diversos painéis.

Para o caso de materiais de aspecto especialmente "técnico" ou sintético (pano de vidro, metais, plásticos) será necessário escolher um material que transmita, o máximo possível, o caráter material da superfície (fig. 8.10).

Madeira

A madeira como revestimento poderá ser utilizada com diversos cortes e dimensões: pranchas horizontais ou verticais, painéis, chapas, etc.

Dependendo do tipo de revestimento a representar deverão ser marcadas as juntas verticais ou as horizontais. Para o caso de pranchas verticais, as juntas serão marcadas com linhas (incisões) simples.

Para o caso de pranchas horizontais, as juntas deverão ser marcadas, se a escala de representação for suficientemente grande para permiti-lo, com uma linha dupla, que descreva o corte das juntas geralmente presente na execução do revestimento (fig. 8.11).

Para os painéis de madeira segue-se, em geral, o método descrito para o item "Painéis".

As características morfológicas que devem ser descritas para as chapas são essencialmente duas: o corte das próprias chapas e o seu relevo em relação ao plano da fachada. Para o caso de maquetes de escala reduzida pode-se representar a superfície constituída pelas chapas com simples tiras de revestimento, tendo atenção de marcar o relevo através da inserção de peças finais sob a borda inferior da tira de revestimento (fig. 8.12 e 8.13).

Em escalas menores será útil representar também a forma das chapas marcando as tiras ou, para os casos mais analíticos, colocando as chapas uma a uma.

Concreto

Para representar em escala a textura de paredes ou revestimentos de concreto, geralmente é suficiente utilizar um tratamento que reproduza as características da superfície (porosidade e rugosidade) do material.

O resultado pode ser obtido mediante a utilização de cartolinas ou cores, usando têmperas em spray, tintas plásticas aplicadas com rolo ou outros acabamentos que garantam suficiente "grão".

Para o caso dos painéis de concreto é útil introduzir algumas informações suplementares. Estes revestimentos, típicos da arquitetura de Tadao Ando e de numerosos arquitetos da Suíça italiana, apresentam os característicos orifícios da fôrma que deverão também ser representados na maquete. O resultado pode ser obtido com uma simples marcação com a ponta de uma lapiseira ou com uma punção (fig. 8.14).

Reboco

As características do revestimento de reboco são determinadas essencialmente pela cor. Este tema foi tratado no capítulo específico.

Uma possível alternativa seria a utilização de cartolinas rústicas ou coloridas (fig. 8.15).

Metais

Para o caso em que a representação dos painéis metálicos, como descrito no item "Painéis", não seja suficientemente eficaz ou para representar superfícies metálicas não lisas (grades, brise-soleil) podem ser usadas redes metálicas, como as vulgarmente utilizadas como mosquiteiras.

Perfis de diferentes seções, úteis para a construção das estruturas que suportam os revestimentos de rede, podem ser encontrados em lojas de modelismo.

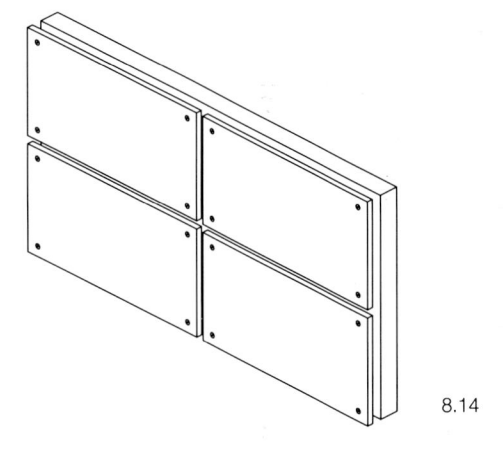

8.14

8.15

CAPÍTULO 9

9.1

9.2

OS INTERIORES | 9

A representação da maquete de arquitetura está orientada para a leitura dos volumes, das relações dimensionais e espaciais e das relações com o contexto. A expressão dos materiais, desde um ponto de vista decorativo e cromático ainda que seja determinante em uma descrição analítica, não é essencial e específico na realização da maquete que, de fato, é freqüentemente realizada com um único material e cor. Para o caso de maquetes de interiores, ao contrário, o objetivo não é a representação de um volume mas de um ambiente. Assim, é determinante a correta e completa representação de todas as características dos materiais, das cores e dos acabamentos que concorrem na definição do caráter de um interior.

Tipologias. *As tipologias das maquetes de interiores deverão prever a possibilidade que o interior do edifício seja visível. Trataremos de maquetes com amplas partes transparentes ou de maquetes que representam apenas partes do edifício no interior do qual encontra-se o ambiente. As tipologias mais freqüentes são as seguintes:*
– *Maquetes com partes transparentes: grandes vidraças, galerias ou clarabóias permitem a visão do interior, que deverá ser representado com um grau de definição análogo ao das partes exteriores da mesma escala.*
– *Maquetes de seção: maquetes de partes de edifícios cortados em um ponto significativo. Alguns dos casos mais freqüentes são as maquetes divididas ao meio (para o caso de edifícios mais ou menos simétricos) em que a representação permite ver tanto o exterior como o interior, ou mesmo as maquetes de uma arcada de um edifício (fig. 9.1 e 9.2).*
– *Maquetes abertas: freqüentes nas maquetes de apartamentos, as maquetes abertas representam um interior visível graças à ausência da laje superior ou, para o caso das moradias, da cobertura (fig. 9.3 e 9.4).*
– *Maquetes de espaços interiores: maquetes de partes significativas e selecionadas de espaços interiores, que podem ser simples quartos de apartamentos, ou somente ângulos ou zonas que contenham detalhes de decoração significativos (fig. 9.5).*
Escalas de representação. *As escalas de representação serão arquitetônicas e de detalhes. Para o caso de maquetes de seção poderão ser de até 1:200 (o detalhe interior será abstrato), porém freqüentemente serão adotadas as escalas de 1:100 e 1:50. Para maquetes abertas ou de ambientes interiores se adotarão escalas mais analíticas (1:50, 1:20, 1:10).*
Elementos que serão descritos. *Alguns elementos presentes nos interiores se realizarão de forma análoga ao descrito nos parágrafos relativos à representação de exteriores (esquadrias, pavimentos, revestimentos). Para os elementos característicos dos interiores apresenta-se em seguida uma descrição analítica (escadas, decoração fixa, parapeitos e guarda-corpos).*

9.3

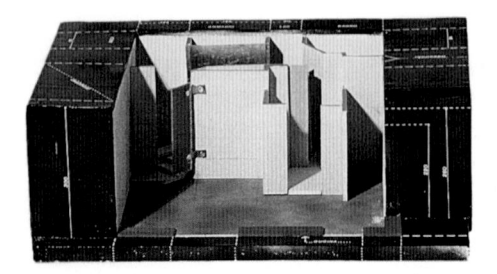

9.4

9.5

9.1 Escadas

Objetivo realizar as escadas (interiores ou exteriores) de um edifício conforme as diversas geometrias e materiais possíveis, caracterizando as diferentes tipologias construtivas (escadas apoiadas, escadas em balanço, etc.)

Base planta da escada (dos diversos níveis, se apresentar variação), cortes.

Materiais cartolinas rígidas, plásticos rígidos (poliestireno), chapas de madeira (balsa) ou laminados, chapas de metal.

Metodologia inicialmente serão construídos os degraus e, para o caso das escadas soltas (não apoiadas entre paredes), os elementos de sustentação que fecham lateralmente a escada. Posteriormente serão montados os guarda-corpos ou os parapeitos.

Acabamentos os revestimentos, do material ou da cor, serão aplicados geralmente nos degraus antes da montagem. Se a escada tiver uma cor uniforme é possível pintá-la com spray depois da montagem e antes da sua colocação na base.

Escadas apoiadas entre paredes

Elege-se um material de chapa com a espessura do espelho (parte vertical do degrau). Os degraus serão cortados com a largura da escada e com o dobro do comprimento do piso (parte horizontal do degrau). Marca-se a medida efetiva no piso, que neste caso será a metade da medida total, e depois colam-se os degraus um sobre o outro, sobrepondo-os pela metade (fig. 9.6 a, b).

Para o caso em que a escada seja feita de cartão pluma ou em outro material estratificado será necessário revestir os degraus, se for possível antes da montagem (fig. 9.7).

Se deseja realizar um degrau que sobressaia, isto é, com a base saliente em relação ao espelho, deve-se inserir uma lâmina que separe os dois pisos, sobressaindo ligeiramente em relação à linha do espelho.

Este procedimento aligeira o efeito da escada e pode ser adotado independentemente da solução técnica da escada que será representada (que durante a execução da maquete poderá ainda não ter sido estudada), se as exigências expressivas da maquete o requerem (fig. 9.8).

Escadas de planta circular
Para escadas de planta circular ou elíptica procede-se de modo análogo ao descrito no parágrafo precedente (fig. 9.9).

Escadas com degraus em balanço
Este tipo de escada é formada por degraus engastados em uma parede de apoio. Realizam-se antes os degraus individualmente no material pretendido (plástico pintado, madeira, metal) e em seguida colam-se com colas de secagem rápida (colas cianídricas) na parede de apoio (fig. 9.10).

Eventualmente, para dar mais estabilidade ao conjunto, pode-se marcar na parede os degraus que deverão ser engastados e depois colados (neste caso podem ser utilizadas colas de secagem mais lenta). Em ambos casos é determinante que durante a secagem da cola os degraus sejam sustentados por elementos que os mantenham na sua posição, já que o peso próprio poderia incliná-los comprometendo o resultado (fig. 9.11). Estes elementos serão removidos depois da secagem da cola.

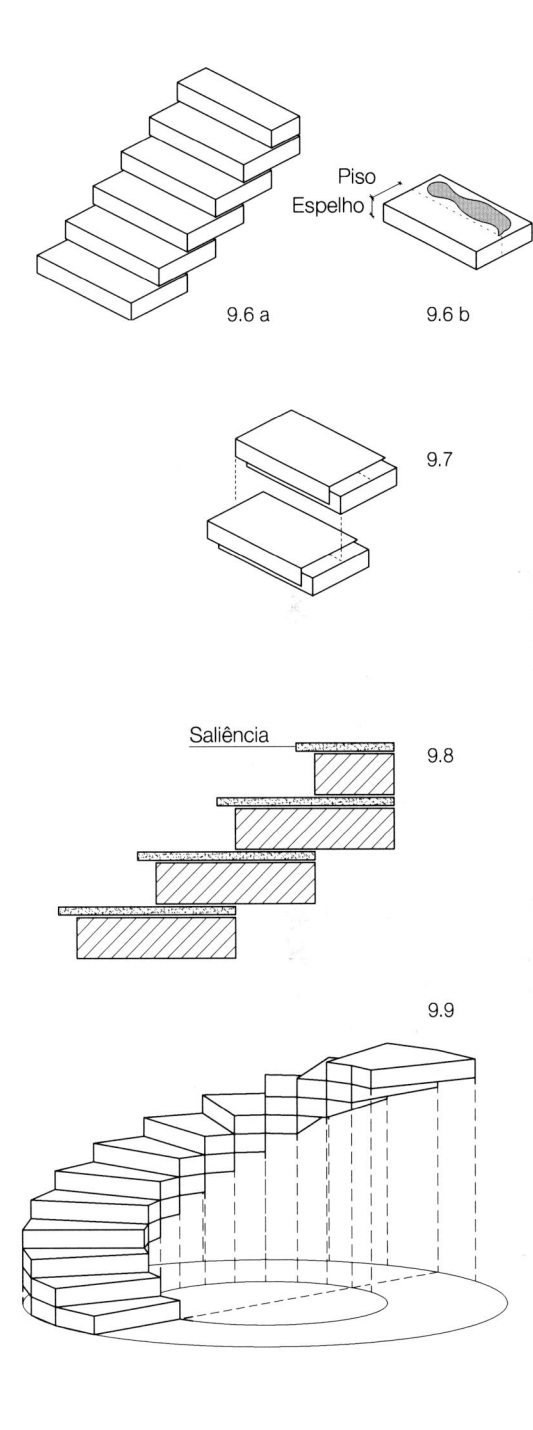

9.10 Incisões / Pontos de colagem

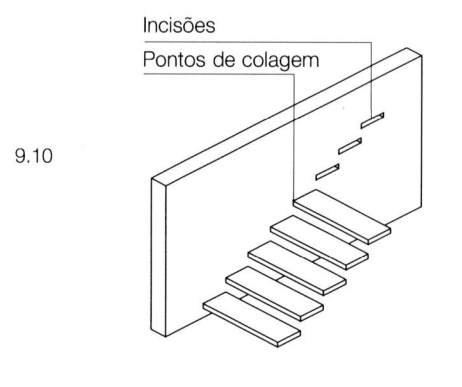

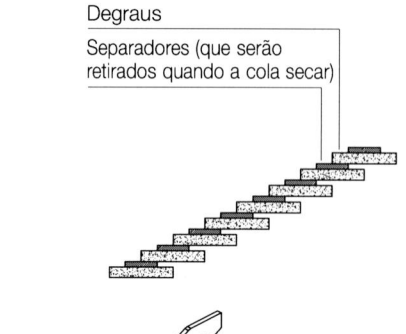

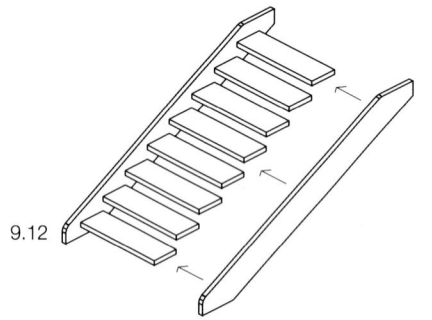

9.11 Degraus / Separadores (que serão retirados quando a cola secar)

9.12

A realização de uma escada com degraus abertos (só piso) pode ser equiparada com o caso precedente (degraus em balanço).

Colam-se os degraus em um dos perfis laterais da estrutura da escada, inserindo separadores como já descrito, e posteriormente ao outro perfil lateral. A presença dos separadores permite exercer a pressão necessária para a secagem da cola, evitando que os degraus se torçam ou se fixem em uma posição errada (fig. 9.12 e 9.13).

Parapeitos e guarda-corpos

Existem numerosos tipos de parapeitos e guarda-corpos. Apresentamos, a título de exemplo, o esquema de construção de um tipo freqüente constituído por montantes, corrimãos e barras horizontais ou verticais de divisão. Nas escalas de representação que normalmente são usadas para fazer os parapeitos (1:100, 1:50, 1:20), os materiais empregados serão varetas de madeira ou plástico, e para o caso das partes maciças: chapas de madeira, plástico (transparente ou opaco) ou metal (fig. 9.14)

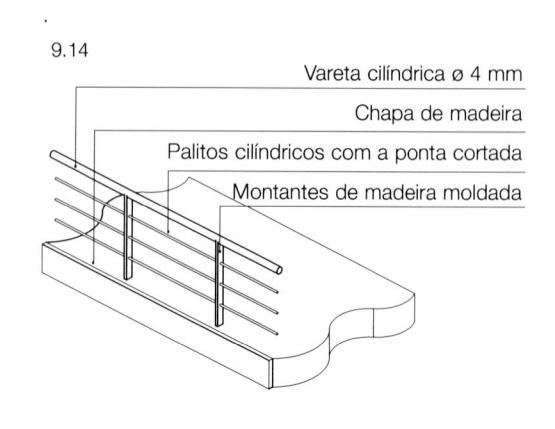

9.13

9.14 Vareta cilíndrica ø 4 mm / Chapa de madeira / Palitos cilíndricos com a ponta cortada / Montantes de madeira moldada

9.2 Decoração fixa de interiores

OBJETIVO realizar elementos de decoração fixa de interiores, como móveis e bancos encaixados, paredes decoradas e esquadrias internas.

BASE plantas, cortes e fachadas dos ambientes interiores nas escalas oportunas (1:50, 1:20). Para maquetes na escala de 1:10 poderão ser necessários alguns detalhes construtivos simplificados. Fotografias ou descrições para materiais e cores.

MATERIAIS cartolinas rígidas, plásticos rígidos (poliestireno), chapas de madeira (balsa) ou laminados, chapas de metal.

METODOLOGIA os elementos de decoração interior serão realizados separadamente, seja nas partes construtivas ou nos acabamentos, e depois montados no interior do ambiente, que já contará com os acabamentos necessários (pavimentos, pintura das paredes).

ACABAMENTOS os coloridos serão realizados, como já referido, antes da montagem se são muito diferenciados ou feitos com técnicas (pintura plástica aplicada com rolo, friccionado com óxidos e pigmentos) que requerem uma elaboração à parte. Ao contrário, para o caso de que a cor seja uniforme, ou pelo menos suficientemente simples, é possível pintar depois da montagem com têmpera em spray, tapando com papel e fita dupla face as partes que não deverão ser pintadas.

Móveis e bancos

A presença de decoração fixa e elementos estruturais é determinante para estabelecer o ambiente que se pretende representar na descrição de um interior em uma escala de detalhe (de 1:50 a 1:5).

As decorações fixas contribuem para a definição das características espaciais e de detalhe de um ambiente, e se prestam a uma síntese que pode ser adaptada ao interior da maquete. Pelo contrário, a decoração móvel (mesas, cadeiras, móveis) presta-se menos a uma representação porque facilmente assumem um aspecto de "casa de bonecas" que pode converter a representação em uma paródia. Não é objetivo do presente manual a descrição das modalidades construtivas das maquetes na escala de mobiliário, porque as únicas representações eficazes pertencem ao campo das maquetes de design e dos protótipos, que ficam fora deste campo.

Na construção de uma maquete de interiores em uma escala de detalhe será determinante a utilização de materiais que descrevam com eficácia (geralmente de forma analógica) as características da decoração.

Assim, para representar um móvel de madeira devem ser utilizadas chapas de balsa de 1 ou 2 mm de espessura ou laminados que reproduzam a cor da madeira usada (por exemplo faia e bétula para a madeira clara, nogueira para a madeira escura).

A coloração das paredes ou da decoração poderão ser realizadas diretamente com cores, e acabamentos análogos à realidade (tinta plástica) ou, para o caso de acabamentos especiais, como pinturas marmoreadas, esponjadas ou outras irregulares, bons efeitos podem ser conseguidos esfregando a tinta em pó diretamente sobre a superfície a tratar ou sobre um estrato de cor pintado com tinta plástica ou tinta em spray. Poderão ser utilizados tratamentos análogos sobre superfícies de madeira nas quais se pretenda obter um acabamento especial.

É útil referir que dada a escala (1:20, 1:5), extremamente detalhada que se adota geralmente nas maquetes de interiores, o estudo cromático e de acabamentos que se aplica na construção da maquete assume um valor diretamente de projeto para caracterizar soluções reais de um ponto de vista tanto estético como técnico.

A título de exemplo, apresentamos duas maquetes, uma de um interior (fig. 9.15) e outra do interior de uma igreja (fig. 9.16), nas quais a procura das cores e dos acabamentos foi realizada diretamente na maquete. Os materiais naturais e os tratamentos aplicados reproduzem processos que podem, desde a escala artesanal da decoração, ser reproduzidos diretamente na realidade.

9.15

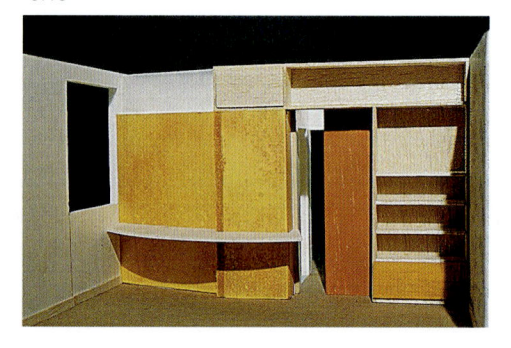

9.16

Arranjos exteriores e pavimentos | 10

A descrição das operações necessárias para representar um pavimento ou uma superfície de água não necessita de muitas explicações técnicas, porque na maior parte dos casos trata-se simplesmente de aplicar um revestimento ou um material diferente do resto sobre uma superfície. De todos os modos, é necessário caracterizar com precisão as escolhas de ordem estilísticas, e o grau de abstração da representação.
Maquetes de estudo: nas maquetes esquemáticas ou de estudo, podem ser representados os pavimentos empregando materiais de diversas cores. Neste caso, a informação que se quer transmitir refere-se só à diferença entre as duas partes (por exemplo uma parte existente e outra de projeto). A maquete não contém outras informações: as cores que caracterizam as partes poderão não ser realistas.
Maquetes de apresentação: para aprofundar analiticamente a representação é necessário analisar algumas categorias que pertencem à natureza do material. Um material pode ser, por exemplo:
  duro – mole
  contínuo – descontínuo
  geométrico – casual
  natural – artificial
  opaco – refletante.
É evidente, diante desta lista parcial, que o esforço analítico deve estar dirigido para a definição das características principais do material ou, no caso de maquetes especialmente detalhadas, para a hierarquia das diversas características.
Na prática, dado que a realização de uma maquete representa uma redução em escala da realidade, o problema do que descrever e do que não, requer uma compreensão profunda de quais são as características fundamentais, das que não é possível prescindir para a descrição de um projeto ou de uma das suas partes.
As estratégias por meio das quais podemos enfrentar a representação são essencialmente reduzida a três tipos:

Analógica-descritiva. Busca-se representar em escala a realidade. Os materiais, as cores, os acabamentos e o efeito global serão o mais realista possível e cada elemento será descrito de forma analítica (fig. 10.1).

Sintética-material. As diversas partes do projeto são representadas com o mesmo material e a mesma cor, mas com texturas diferentes. Para o caso de um pavimento exterior, por exemplo, a base será a mesma para toda a área tratada, mas a textura será geométrica para os ladrilhos e casual para os canteiros de terra (fig. 10.2).

Abstrata. Neste caso, o caráter da representação é basicamente icônico-simbólico. É preferível usar a representação da idéia do projeto à descrição do objeto real.

Capítulo 10

10.1

10.2

Podem ser utilizadas as mesmas técnicas descritas para as maquetes analógicas ou sintéticas, tendo presente o fato de que as indicações "gerais" de correspondência entre a técnica e o resultado não têm valor neste caso. Finalmente, sublinha-se que a classificação proposta refere-se ao conteúdo principal de cada representação. Isto é, uma maquete contém sempre algumas características sintéticas e algumas características analógicas, mas o predomínio de umas ou de outras determinam as diferenças do resultado expressivo (fig. 10.3 maquete de um jardim com sal e cola vinílica).

10.3

10.1 Pavimentos exteriores

OBJETIVO realizar pavimentos exteriores e urbanos, expressar diferentes tipos de terreno (asfalto, pavimento, terra, vegetação).

BASE planta topográfica em uma escala suficiente para ver indicações sobre pavimentos, relevo e materiais existentes, fotografias do lugar.

MATERIAIS papel, cartolinas, plásticos (poliestireno).

METODOLOGIA preparar as camadas dos diversos revestimentos, marcar para os pavimentos o desenho com um grau de aproximação adequado à escala da representação, pintar os pavimentos para o caso de que a técnica adotada não permita a pintura depois da montagem, colar as camadas. Quando as fases de montagem o possibilitem, é preferível aplicar os pavimentos e revestimentos nas fases finais da construção da maquete.

ACABAMENTOS pintura ou verniz, caso a técnica adotada o preveja, será feito depois da montagem.

Para representar os diversos tipos de pavimentos, tanto para interiores como exteriores, o suporte deverá ser tratado de forma que represente adequadamente: os aspectos materiais da superfície (liso-rugoso, contínuo-descontínuo, transparente-opaco, natural-artificial), as eventuais geometrias (forma e formato dos ladrilhos, juntas, direção do assentamento) e a cor.

Nos diferentes graus de descrição da maquete, as três características principais, superfície-geometria-cor, podem ser representadas na totalidade ou, selecionadas, no caso da maquete ser abstrata ou conceptual.

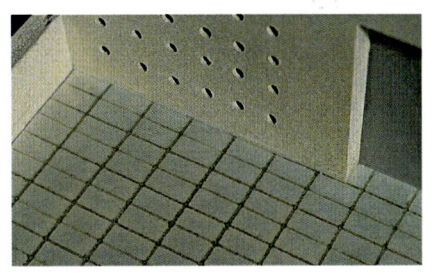

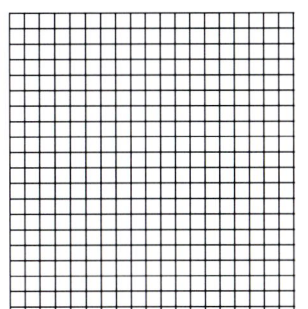

Assim, em uma maquete podem ser evidentes somente as características da superfície, da cor ou do desenho (fig. 10.4).

Desde um ponto de vista operativo, é útil notar que as indicações sobre os diversos tipos de pavimentos têm um valor geral, isto é, consideram as soluções mais adotadas (pelo tamanho, superfície e cor) na representação de um determinado acabamento. Se normalmente um pavimento de ladrilho tem uma malha mais apertada que a de um de mármore, a compreensão da diferença e da natureza dos dois acabamentos será mais imediata adotando uma representação na escala que reproduz as características dimensionais habituais.

Obviamente, estas indicações podem ser contraditas quando o projeto que se pretende representar contenha diferenças específicas, ou seja, quando se pretende representar não uma superfície genérica de ladrilho, mas um pavimento específico cujas características podem também ser muito diferentes das habituais.

Cerâmicas

Geralmente as cerâmicas devem ser colocadas de acordo com uma retícula regular, como um tabuleiro de xadrez. Por isso é aconselhável, salvo raras exceções, utilizar na maquete este tipo de disposição. Além disso, é aconselhável adotar uma medida de retícula inferior em relação à que se utilizaria para pavimentos de pedra (fig. 10.5 e 10.6).

Procede-se marcando o reticulado das cerâmicas (veja o capítulo "O revestimento") sobre a superfície do pavimento. Para evidenciar melhor as juntas passa-se sobre a superfície cor em pó (pastéis, óxidos, pigmentos), espalhada com um pouco de algodão. Desta forma, as juntas das peças sobressaem, porque nelas fica depositada uma quantidade maior de cor. Pode-se conseguir um efeito de superfície brilhante utilizando um fixador acrílico em spray ou verniz transparente (fig. 10.7).

Mármore – pedra regular

As pedras são geralmente maiores que as cerâmicas e apresentam uma forma retangular. As pedras podem ser dispostas de forma reticular, com a junta contínua (fig. 10.8) ou com a junta descontínua (fig. 10.9). A cor obtém-se através da utilização de cartolinas coloridas ou de modo semelhante ao exposto para as cerâmicas.

Também podem ser utilizadas películas adesivas, à venda nas lojas de desenho (por exemplo imitação de mármore). Neste caso é necessário cortar as peças individualmente e colocá-las depois, ao acaso, conforme o desenho do pavimento. Deste modo é possível conseguir o efeito de escala que de outro modo, aplicando a superfície de forma contínua, se perderia (fig. 10.10).

Pedra

Para o caso de pavimentos para exteriores com peças de cortes irregulares pode-se marcar a superfície, ou mesmo recortar as peças e compô-las conforme o desenho. Também neste caso é necessário ter especial atenção com a dimensão dos cortes, determinante para a compreensão da escala de representação (fig. 10.11).

Tijolo

O procedimento é análogo ao descrito para a representação dos ladrilhos, porém é necessário prestar atenção a algumas características peculiares dos pavimentos de tijolo:

– freqüentemente os pavimentos são montados a 45° e não paralelos às paredes do ambiente no qual estão inseridos.
– o acabamento, dadas as características materiais dos tijolos, será mais tosco (ou opaco) em relação às cerâmicas (fig. 10.12).

Cimento

Os pavimentos de cimento podem ser realizados de forma contínua (interrompido apenas por algumas juntas de dilatação) ou com a aplicação de lajotas. Para ambos os casos se privilegiará o aspecto homogêneo da superfície, pondo em evidência o aspecto irregular da cor esfregando com pastéis, giz ou óxidos.

Piso de madeira

Os pavimentos de madeira serão representados com marcações das juntas das peças conforme as tipologias mais comuns de aplicação:
– tábua corrida realizada com peças paralelas às paredes perimetrais;
– parquete aplicado com tábuas em diagonal às paredes perimetrais;
– parquete ortogonal ou diagonal com moldura.
A restituição da cor e do material das tábuas de madeira pode ser obtida facilmente marcando as linhas paralelas do pavimento (antes da montagem) e passando um pastel esmigalhado da cor da madeira que se pretende representar com um pouco de algodão sobre a superfície do material (fig. 10.13).

Para o caso que se pretenda representar um pavimento com moldura é aconselhável realizar separadamente a parte interior, a moldura e a faixa exterior, e montá-las nesta ordem (fig. 10.14 e 10.15).

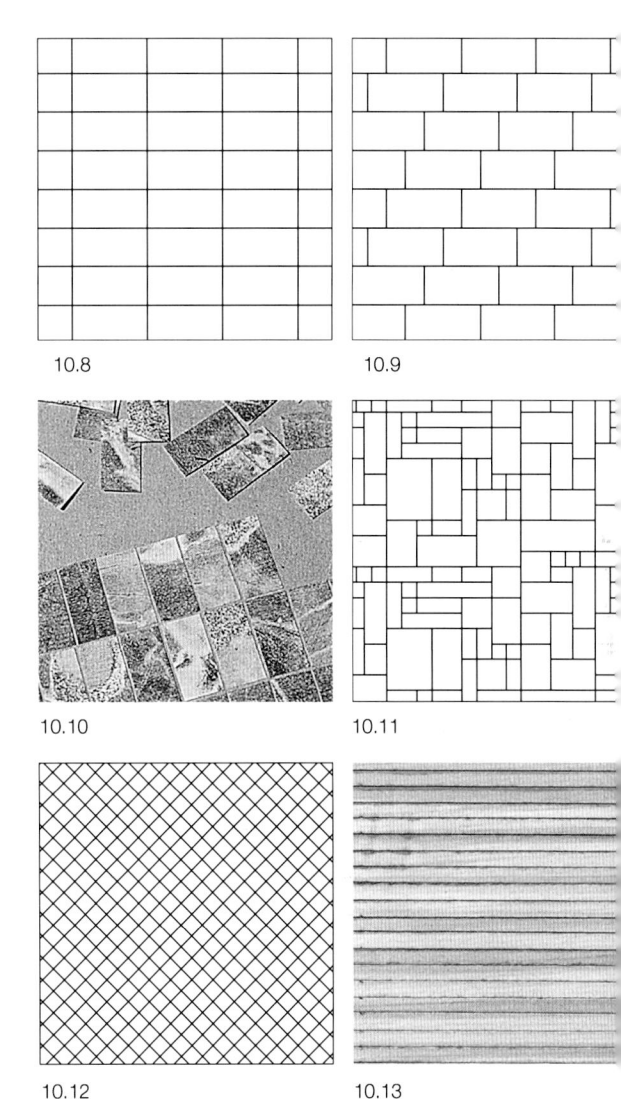

10.8

10.9

10.10

10.11

10.12

10.13

10.14

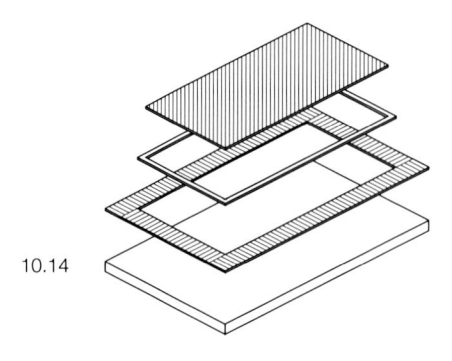

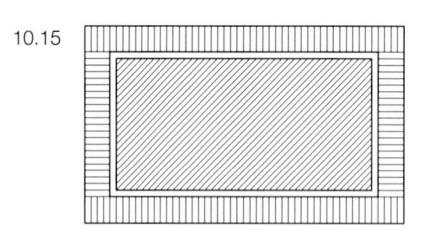

10.15

É importante mencionar que a representação geométrica dos pavimentos (retículas para os ladrilhos, linhas paralelas para as tábuas corridas de madeira) é oportuna em maquetes de escala suficientemente reduzida (1:100, 1:50, 1:20). Para as escalas maiores, quando seja necessário representar os pavimentos, devem ser previligiados os aspectos materiais e cromáticos da superfície.

Areia – terra – cascalho

Neste caso, a característica importante que será representada é o aspecto material da superfície, já que os materiais não têm desenho. Além da cor, que varia para os diversos materiais, a diferença entre terra, cascalho e areia é determinada pela granulometria (rugosidade) da superfície.

Se em uma maquete devem ser representados ao mesmo tempo diferentes materiais de terreno, é importante que as características de cada um sejam respeitadas. Isto é, colocando por exemplo uma superfície de areia e outra de cascalho, a segunda fica evidentemente mais rugosa que a primeira.

Estas são algumas possibilidades de representação:
– Material: folha de lixa, cartolinas rústicas, isopor pintado com pigmentos.
– Cor: em pó ou cor líquida borrifada (por exemplo, tinta borrifada com uma escova de dentes).
– Analógica: a superfície rústica é obtida colando ou fixando areia ou cascalho de pequena dimensão (conforme a escala de representação).
– Abstrata: com redes ou adesivos que representem de modo abstrato o material e respeitem as características de cada superfície (por exemplo, uma rede mais fina para a areia e uma mais aberta para o cascalho).

Materiais sintéticos uniformes

A esta categoria pertencem as borrachas, as resinas e os linóleos.

Podem ser usadas cartolinas coloridas ou acabadas conforme os métodos de coloração des-critos anteriormente, e também chapas de plástico naturais ou tratadas oportunamente.
– É necessário respeitar a continuidade da superfície dos pavimentos na maquete, porque mesmo quando a cor do material é matizada (resinas, linóleo), a superfície se apresenta sem juntas.
– As características de luminosidade do material têm uma importância especial na representação de materiais sintéticos. Por isso, a transparência, a opacidade ou a capacidade de reflexão da luz deverão ser interpretadas corretamente.

Para aumentar o brilho de um material pode-se utilizar vernizes em spray transparentes ou fixadores acrílicos; para reduzir o brilho, no caso de materiais plásticos, pode-se lixar o material com uma folha de lixa fina.

Arranjos exteriores e pavimentos

10.2 Água

Objetivo representar superfícies de água artificiais e naturais na maquete.

Base plantas topográficas (de 1:5.000 a 1:500), planta e cortes em escalas reduzidas para represas artificiais e piscinas.

Materiais cartolinas coloridas, cartões rugosos, plásticos, plexiglas, cores.

Metodologia para o caso de represas de água naturais, o nível de representação encontra-se geralmente na camada inferior da maquete. Por isso é conveniente construir e montar a camada na fase inicial da realização, de tal forma que as eventuais imperfeições, que se apresentam inevitavelmente dada a geometria irregular do terreno natural, ficarão cobertas pela primeira camada do terreno. Conforme os diferentes níveis de abstração da representação adotada, a água pode ser representada com uma diferente tonalidade de cor ou de material (cartolina) ou, de um modo mais realista, por uma camada de plexiglas, transparente ou opaco, sobre uma superfície colorida.

Acabamentos para o caso em que as fases de montagem ou a técnica adotada o requeiram, será necessário tapar as bordas antes de executar a pintura da camada de água.

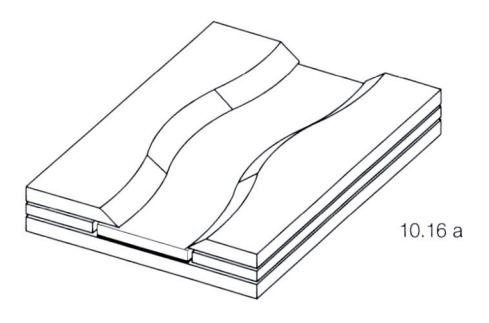

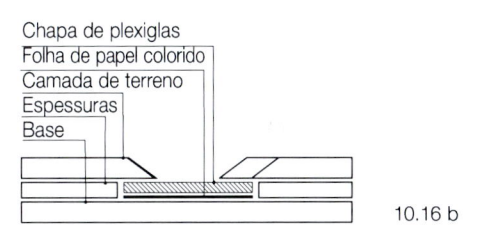

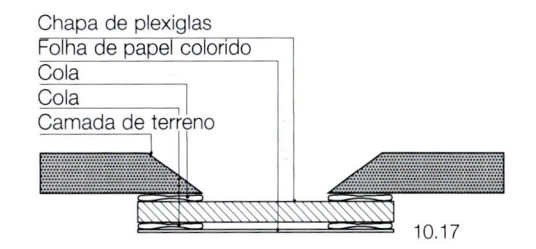

10.16 a

Chapa de plexiglas
Folha de papel colorido
Camada de terreno
Espessuras
Base

10.16 b

Chapa de plexiglas
Folha de papel colorido
Cola
Cola
Camada de terreno

10.17

10.18

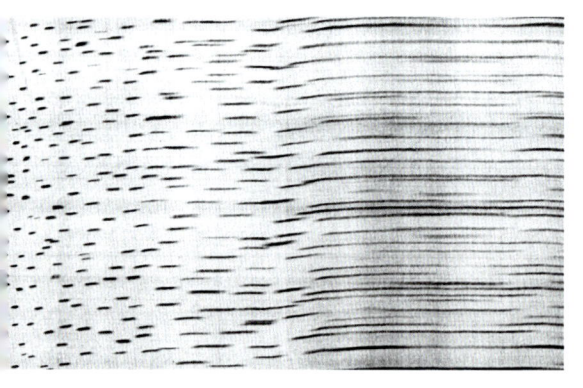

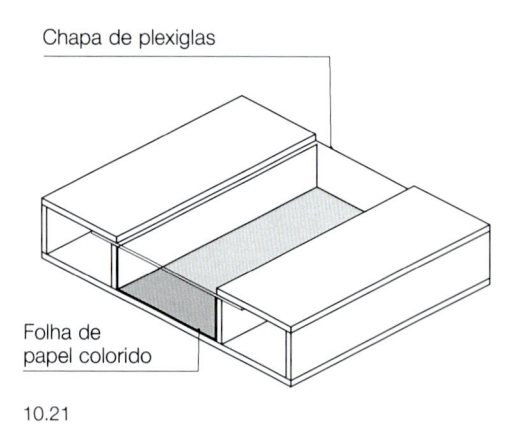

Os métodos para representar a água são extremamente simples desde o ponto de vista técnico, mas muito diferentes segundo as decisões expressivas gerais adotadas na maquete.

Dependendo das escolhas do tipo descritivo, material ou abstrato corresponderão a acabamentos diferentes. Os diversos materiais podem ser utilizados para obter vários resultados expressivos. Por isso, no presente item, dedicado à representação da água, serão apresentados os diversos materiais assinalando que tratamentos correspondem às diferentes finalidades expressivas.

Plexiglas

A analogia material entre a água e o plexiglas (transparente, sem cor) torna este último adequado para representar cursos de água, rios, espelhos de água interiores ou de mar e fontes.

O método mais direto consiste em inserir uma camada de plexiglas não tratado ao nível da água (fig. 10.16 a, b). O plexiglas também pode ser deixado opaco, caso se pretenda um efeito que produza pouco reflexo, passando em uma ou em ambas faces uma folha de lixa média, até obter-se um efeito translúcido. A lixa deverá ser passada com um movimento circular até conseguir um efeito uniforme.

Por baixo do plexiglas podem ser colocados fundos diversos. O fundo pode simplesmente ser a base da maquete. Nesse caso, é preferível escolher o acabamento opaco do plexiglas, sobretudo se a base for de um material rústico ou de outro material qualquer não adequado para o efeito da "água". A colagem das duas camadas (plexiglas e papel colorido) deve ser feita fora das partes visíveis (fig. 10.17) ou utilizando colas específicas para o plexiglas, senão a transparência do material deixaria visível os pontos de cola.

Este problema não ocorre (de qualquer forma é tolerável) quando se utiliza plexiglas opaco.

O fundo poderá ser uma cartolina colorida (verde, azul-celeste) ou outro material em folha de cor adequada. Também é possível pintar a base diretamente com têmperas em spray, pastéis, etc. Para obter um acabamento brilhante, especialmente eficaz para um efeito realista da água, pode ser utilizada uma camada de plexiglas borrifada com verniz transparente em spray, sobreposta a uma cartolina azul (fig. 10.18).

Cartolina ou cor
O material em folhas coloridas (cartolinas, plásticos) pode representar diretamente a água. Neste caso, a camada colorida será colada diretamente sobre a base da maquete (ou sobre o nível onde se encontra a água) (fig. 10.19).

Se deseja representar a água com uma coloração determinada, pode-se aplicar diretamente sobre a base, sobre uma cartolina de cor neutra ou sobre um material poroso (placas de isopor), óxidos, pigmentos ou pastéis coloridos para esfregar. Desta forma, a cor fica menos uniforme e menos nítida que as folhas de cartolina colorida, adequada para o caso de maquetes com tons de cor pastel.

Texturas
Nas maquetes abstratas ou tendencialmente bidimensionais (baixos-relevos) é possível representar a água mediante redes que descrevam as características de movimento ou de reflexo.

As texturas não deverão ser escolhidas entre as existentes no mercado ou as normalizadas nas bibliotecas dos programas de desenho assistido por computador, senão que deverão ser feitas preferencialmente com o auxílio de uma xérox. As possibilidades são infinitas e obviamente dependem do caráter da maquete. A título de exemplo, podemos citar imagens analógicas (fotografias de água com reflexos, ou efeitos da deformação obtidos movendo um pouco o original do plano de cópia da xérox durante a cópia) (fig. 10.20).

Profundidade
Para o caso em que a escala ou tipo de maquete (por exemplo maquetes de seção) o requeiram, pode ser necessário representar não só o efeito da superfície e da cor da água, mas também a sua profundidade. Neste caso pode-se usar os mesmos materiais descritos anteriormente, simplesmente realizando o volume de água como caixa com a superfície de plexiglas, envernizado ou opaco, e pintando o interior (fig. 10.21).

Outros efeitos
Para o caso de maquetes não convencionais, a água pode ser representada também com materiais não convencionais, como colas, borrachas, metais ou, em extremo, a própria água (fig. 10.22).

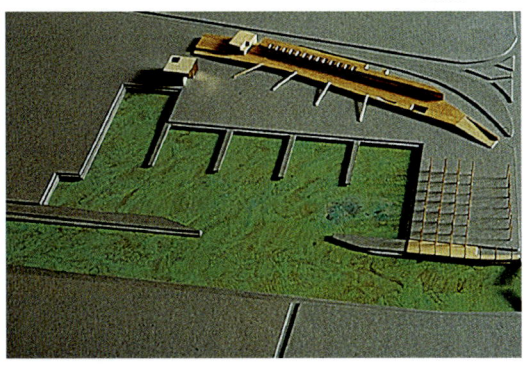

10.22

Capítulo 11

11.1

11.2

A VEGETAÇÃO E AS ÁRVORES | 11

A leitura dimensional (em escala) e, em geral, a compreensão completa do contexto que se pretende descrever determinam as características e os elementos que constituem os exteriores e o espaço aberto de um projeto.

A escolha da representação da vegetação e das árvores de uma maquete dependem, como já referido no capítulo "Arranjos exteriores e pavimentos", do grau de descrição ou, ao contrário, da abstração que será adotada. Por outro lado, os arranjos exteriores e a vegetação, como complemento necessário à representação de um contexto, contribuem para sublinhar e precisar o "caráter" e o grau de abstração de uma maquete. Aconselha-se, como regra geral, prestar atenção à coerência da representação entre a vegetação e as partes arquitetônicas da maquete, de modo que o grau de síntese de uma seja comparável com as outras ou, de qualquer forma, que corresponda à importância que se pretende atribuir às diferentes partes.

Se a vegetação for descrita analiticamente também a arquitetura deverá ter as mesmas conotações, senão a leitura da maquete poderia ficar desequilibrada e a representação confusa.

Geralmente é melhor dar uma ordem precisa, segundo as idéias do projeto, à vegetação, tanto a preexistente como a projetada. Uma representação muito realista pode resultar confusa, ou mesmo, desviar a atenção do projeto propriamente dito.

A representação da vegetação e das árvores, apesar de aplicada no final do processo de execução e montagem, deveria ser estudada e definida ao mesmo tempo que as outras características da maquete, porque a execução de uma árvore adequada às exigências expressivas gerais não é uma operação imediata.

Deste ponto de vista, seria útil construir um catálogo de tipos de árvores correspondentes às diferentes necessidades. No tratamento da vegetação se abordará todos os elementos vegetais que fazem parte do projeto, da escala da paisagem à do jardim doméstico.

Antes de tudo, podemos definir três categorias diversas, cada uma das quais trata de um elemento de vegetação diferente:
– *Superfície*: grama e prados.
– *Elementos lineares*: cercas vivas e (em grande escala) alinhamentos de árvores.
– *Elementos pontuais*: árvores.

11.1 Superfícies

OBJETIVO realizar superfícies verdes conforme as diversas escalas e diferentes graus de descrição.

BASE plantas topográficas nas escalas oportunas.

MATERIAIS cores (spray e rolo), cartolinas rústicas, cartolinas coloridas, chapas de plástico, folha de lixa, esponjas, superfícies verdes para maquetes ferroviárias (veludo e vegetação em fragmentos).

METODOLOGIA E ACABAMENTOS dado que as superfícies verdes são realizadas com cores ou revestimentos colados sobre a base da maquete, a metodologia construtiva coincide com o acabamento. Simplesmente, tapando as superfícies com máscaras ou com cortes à medida, os materiais são aplicados sobre a base. Para o caso de material em fragmentos, este se aplicará com uma camada de cola vinílica convenientemente diluída.

A cor

A descrição de uma superfície vegetal usando a cor pode ser feita de diferentes formas, conforme as necessidades expressivas e a simplicidade executiva. A cor, obtida com a aplicação de folhas de cor ou através das tintas, pode ser uniforme ou mista. No segundo caso, o caráter misto da superfície colorida conterá também indicações da textura (veja o item "Texturas").

A cor das superfícies vegetais pode ser analógica (verde, amarelo, castanho) ou distinguir-se simplesmente do resto da maquete pela tonalidade (normalmente mais escura).

Revestimentos. Neste caso a cor é determinada pela aplicação de uma camada (geralmente chapas) de cartão ou de plástico colorido. Como já referido, as cores podem ser uniformes ou mistas.

Encontram-se no mercado numerosas cartolinas ou compostas por papel reciclado

11.3

que poderão servir perfeitamente para representar a superfície da grama.

Pinturas. Uma primeira possibilidade para pintar uma base é a utilização de tinta plástica aplicada com um pequeno rolo de esponja. A utilização da tinta plástica tem a vantagem de permitir a escolha em catálogo de uma gama muito variada de cores. Além disso, é possível encarregar misturas personalizadas a partir de pedidos relativamente limitados (1 kg) na maior parte das lojas de tintas.

Para aplicar a tinta será necessário cobrir a base deixando descobertas somente as partes que serão pintadas, ou então, pintar toda a base se a camada da vegetação for a que estiver mais embaixo (ou seja, se as outras camadas serão coladas sobre a base).

Com o mesmo cuidado pode-se aplicar a cor utilizando spray. A superfície será homogênea se a tinta for aplicada na distância indicada nas instruções (20 ou 30 cm); ou ficará mais irregular e dispersa se for aplicada a uma distância superior e, eventualmente, misturando duas cores (por exemplo verde e cinzento, ou verde e amarelo), terá uma indicação parcial da textura do material.

Pode-se obter um efeito similar de forma mais artesanal, utilizando uma escova de dente: submerge-se a parte das cerdas na tinta e passa-se com o dedo, da ponta para o cabo, borrifando a tinta para a zona a ser pintada. É obviamente necessário, dado o pouco controle da direção da tinta, cobrir as partes que não deverão ser pintadas.

Texturas

Para diversificar superfícies com uma certa extensão, em maquetes de caráter abstrato-conceptual, uma técnica eficaz de representação é a aplicação de texturas diferentes sobre os planos onde se pretenda especificar o material, isto é, de chapas onde o desenho distinga, de forma mais ou menos abstrata, as características do material a ser representado.

Para representar as diferentes texturas dos materiais podem ser utilizadas as texturas adesivas habituais vendidas nas lojas especializadas do mercado, aplicando-as sobre as superfícies a tratar. Porém é preferível a utilização de texturas de composição própria, realizadas fotocopiando diversos materiais (tecidos, cartões ondulados, areia, tabaco, fotografias, etc.) em folhas de papel ou cartão (fig. 11.1 e 11.2). Isto é conveniente por dois motivos.

Em primeiro lugar, a realização de texturas com a xérox permite escolher os suportes com os quais será reproduzida a textura, enquanto que as texturas à venda são geralmente estampadas sobre adesivo brilhante, pouco aptos tanto como efeito quanto pela sua aderência na realização de maquetes.

Em segundo lugar, a realização da própria textura impõe uma compreensão e uma síntese das características do material a representar que favorece o êxito e a coerência do total da maquete. Justamente pelo conteúdo sintético deste tipo de representação, é necessário evidenciar as características de cada material de forma que a comparação restabeleça a relação efetiva. Assim, uma textura mais geométrica e regular pode descrever com eficácia um pavimento ao lado de uma textura mais irregular que represente terra ou grama.

Para o caso em que o suporte das texturas seja uma chapa de plástico, será necessário fotocopiar o material sobre um adesivo transparente, para depois aplicá-lo no suporte.

11.4

Materiais

No mercado do modelismo existem alguns materiais, utilizados geralmente para maquetes ferroviárias, que podem corretamente ser empregados na representação das maquetes de arquitetura.

A grama tipo "veludo" representa de forma direta e analógica a superfície de um gramado. Trata-se de uma espécie de tecido tipo alcatifa de cor verde irregular. A utilização deste material presta-se muito bem para representações de caráter realístico. O risco presente é que o caráter realístico da maquete assuma conotações kitsch, negativas quando não são declaradamente intencionais (fig. 11.3).

Em relação a este último ponto, é preciso notar que materiais declaradamente analógicos, muito realistas ou até "vulgares" são utilizados em maquetes de projetos de arquitetura contemporânea, enquanto que convencionalmente a tradição "culta" da arquitetura privilegiou representações do tipo mais sóbrio, com maquetes de madeira natural ou com a utilização muito sintética de materiais e de cores.

Outros materiais que podem ser utilizados são todos aqueles que apresentam uma superfície não lisa nem homogênea, mas granulosa, porosa (folha de lixa) ou, mesmo materiais mais fibrosos, como os filtros para os aparelhos de ar condicionado (estrutura tridimensional filiforme). Tais materiais podem ser cortados facilmente com tesouras e se adaptam também a superfícies irregulares, como terrenos em declive ou com desníveis (fig. 11.4). Uma representação similar porém mais abstrata pode ser obtida utilizando redes metálicas finas (tipo mosquiteira), eventualmente sobrepostas em várias camadas de forma a acentuar o efeito claro-escuro.

11.5

11.2 Elementos lineares (cercas vivas e alinhamentos em grande escala)

Objetivo realizar elementos vegetais lineares e contínuos como cercas vivas e alinhamentos de árvores (para o caso que estejam em uma grande escala).

Materiais esponja vegetal (pepino chinês), esponjas naturais e artificiais, poliuretano, liquens.

Metodologia a realização de elementos vegetais lineares obtém-se simplesmente cortando, conforme as medidas e geometrias adequadas, os materiais e colando-os no seu lugar.

Acabamentos os elementos podem ser pintados, antes da montagem, com têmperas em spray ou por imersão.

Esponjas e espumas
É importante diferenciar neste parágrafo e no sucessivo a representação em função da escala de apresentação. As cercas vivas de pequenas dimensões podem ser representadas por corpos geométricos muito simples, eventualmente forrados com cartolinas rugosas, como papel feito à mão, com superfícies irregulares e rústicas, cuja superfície rugosa consegue transmitir efeitos adequados de claro-escuro; ou com materiais de origem natural (à venda nas lojas de modelismo) que, graças à sua forma irregular, estão indicados para representações do tipo analógico-realístico. Estes materiais são:
– esponja vegetal (pepino chinês);
– esponjas naturais e artificiais;
– liquens;
– fibra para filtros de aparelhos de ar condicionado;
– fibras expandidas.

São materiais naturais ou artificiais com características de fibra e de cor adequadas para representar em escala os diversos tipos de vegetação (fig. 11.5).

As esponjas podem ser cortadas na medida com tesouras robustas e eventualmente desbastadas com um estilete. Podem ser utilizadas no seu estado natural ou pintadas com pistola.

Os liquens, vendidos habitualmente nas lojas de modelismo, podem ser utilizados naturais ou pintados. Para o caso de que não sejam tratados, e portanto tendem a se esmigalharem, será necessária uma preparação para fixá-los. Eles devem ser imergidos durante um dia em uma solução de água e glicerina e secos sobre uma folha de papel absorvente.

A fibra para filtros de aparelhos de ar condicionado será tratada de forma análoga às esponjas.

As fibras expandidas podem ser macias, como o poliuretano expandido (espuma para enchimento), ou consistentes, como os materiais de espuma para isolamento, ou o isopor (poliestireno celular rígido). Devem

11.6

ser cortadas na medida e, eventualmente, é necessário marcar a face visível com incisões irregulares que sugiram a trama da vegetação.

Dadas as cores extremamente artificiais destes materiais será necessário pintá-los com têmpera em spray, a não ser que a maquete tenha um caráter extremamente conceptual-abstrato (fig. 11.6).

Metais
Também podem ser utilizadas esponjas metálicas, como a comum palha de aço para a cozinha ou filtros para automóveis (parecidos aos liquens devido à forma e uso) ou, com efeito extremamente abstrato, redes metálicas (mosquiteiras) sobrepostas em várias camadas ou enroladas.

É obvio que a utilização de materiais metálicos naturais para a representação da vegetação tem sentido e coerência para o caso de maquetes declaradamente abstratas ou de qualquer forma, longe de uma escolha do tipo analógico-realístico.

11.3 Elementos pontuais (árvores)

OBJETIVO realizar elementos pontuais (árvores) em função das diferentes escalas.

MATERIAIS em escala urbanística: alfinetes com a cabeça de plástico, bolas de madeira e plástico. Em escala arquitetônica: bolas de isopor e madeira, esponja vegetal (pepino chinês), esponjas naturais e artificiais, liquens.

METODOLOGIA para o caso em que as árvores sejam representadas em grande escala (1:1000, 1:500) como uma massa, serão realizadas cortando tiras das diversas esponjas na medida. Para todos os outros casos, as árvores serão representadas com uma copa (nos diversos materiais descritos) aplicada sobre um suporte que poderá ser, conforme a escala, um alfinete, um palito ou uma haste de madeira ou de plástico.

ACABAMENTOS as árvores poderão ser pintadas, antes da montagem na base, com têmperas em spray ou por imersão.

11.7

Para a representação das árvores em uma grande escala podem ser utilizadas bolas de diversos materiais, tirando a medida correspondente das dimensões na escala das árvores a representar.

Para a fixação das árvores de pequenas dimensões será indispensável executar um molde que mantenha em posição ortogonal a haste que representa o tronco (ou a árvore inteira) durante a montagem na base. Se as hastes serão pregadas é necessário evitar que, devido à sua pequena dimensão, as árvores fiquem inclinadas ou irregulares (fig. 11.7).

Escala 1:2.000
Se deseja representar as árvores individualmente podem ser utilizados alfinetes de papelaria com cabeça de plástico. A cabeça é constituída por uma bola de plástico que representa corretamente a copa nesta escala.

Se, pelo contrário, deseja representar árvores alinhadas podem ser utilizadas esponjas de densidade suficiente (esponjas vegetais e artificiais) cortadas em tiras e coladas diretamente sobre a base.

Escala 1:1.000, 1:500
Bolas de papel, madeira, plástico e isopor podem ser encontradas no comércio (nas papelarias, lojas de modelismo e de tintas). Também é possível encontrar diferentes tipos de bolas de plástico ou outros materiais nas lojas de bijuteria.

As bolas representam a copa da árvore e a esta será necessário acrescentar um tronco, que pode ser feito inserindo uma fina haste de madeira ou metal (poderão ser vulgares palitos de seção redonda) na abertura.

As hastes ou os palitos serão cortados com uma medida ligeiramente maior que o tronco (na escala), de forma que possam ser inseridos nos orifícios da base onde se posicionarão as árvores acabadas.

A estabilidade é garantida por dois pontos de cola: um entre a bola e a haste, e outro entre a haste e a base (fig. 11.8).

Na escala 1:500 poderá ser necessário representar de forma naturalista as copas das árvores. Neste caso utilizam-se esponjas ou liquens cortados e moldados com a medida e a forma necessárias (fig. 11.9).

Outro sistema para representar as árvores, de forma mais abstrata, é aplicar sobre uma haste alguns discos de papel ou plástico de diâmetro de diferentes formas que aludam o desenho da copa.

Uma solução, válida também para escalas mais analíticas (1:200, 1:100), é a utilização de arbustos pequenos ou ramos (necessariamente bem secos) reagrupados e colados para representar um aspecto invernal das árvores (fig. 11.10).

Escala 1:200, 1:100 (e inferiores)
Para as escalas inferiores utilizam-se os mesmos materiais descritos anteriormente, mas a dimensão maior requer uma elaboração mais cuidada.

Para o tronco serão utilizadas hastes de metal, plástico ou madeira que podem ser encontrados nas lojas de modelismo, que serão cortadas na medida (tendo em conta a parte que será inserida na base) e, quando seja necessário, pintadas com spray antes da montagem. As duas partes da árvore deverão ser pintadas separadamente, inclusive quando a cor for a mesma, assim aumentará o controle da uniformidade da cor, que nas superfícies lisas (os troncos) deposita-se de forma diferente das irregulares (copas).

Para a copa podem ser usadas esponjas naturais ou artificiais e liquens.

Esponja vegetal. Molha-se a esponja vegetal, de forma que o corte seja mais fácil, cortam-se as seções horizontais na altura desejada e moldam-se as extremidades com uma tesoura ou um estilete para obter um perfil parecido ao das árvores. Pode-se eliminar completamente a parte exterior da esponja vegetal que tem uma malha mais apertada (1:200, 1:100), ou mesmo, para árvores pequenas e na escala 1:200, pode-se cortar a parte exterior e utilizar apenas esta. Na escala 1:50 deverão ser utilizadas seções inteiras de maior altura limando as bordas para imitar a estrutura geométrica das copas das árvores que se pretende representar (latifólios, coníferas, etc.) (fig. 11.11).

Esponja e poliuretano. Corta-se o material em esferas irregulares na medida desejada. Para o caso do poliuretano, que tem uma estrutura mais regular que a esponja, corta-se a superfície exterior com um estilete.

Estes materiais são mais indicados para representar árvores de estrutura esférica, en-

11.10

A VEGETAÇÃO E AS ÁRVORES

quanto que a esponja vegetal, que tem uma estrutura de fibras, é mais versátil para representar árvores de estrutura vertical (choupos, ciprestes, coníferas).

Liquens. Separa-se com as mãos, ou corta-se com tesouras, a quantidade de material desejado. Para fixar os liquens ao tronco poderá ser necessário utilizar, além da cola, duas voltas de linha de coser de cor mimética ao ponto de união entre as duas partes (fig. 11.12 e 11.13).

Todos os materiais apresentados poderão ser utilizados em estado natural ou pintados, seguindo as instruções expostas no início (fig. 11.14).

Metais. Para efeitos especialmente frios e estilizados podem ser utilizadas, redes, fios ou chapas metálicas (fig. 11.15). As redes serão moldadas na forma da copa e fixadas com cola sobre as hastes com a medida desejada. As chapas, cortadas em tiras, serão fixadas na haste por uma extremidade e depois enroladas como uma espiral. As chapas, que se encontram nas lojas de tintas, são vendidas na cor de cobre ou de aço.

11.11

11.12 11.13 11.14 11.15

Fontes das ilustrações

1.1 H. Nijric e H. Nijric. "Il maso mutato verticale". Seminario internazionale di progettazione, Merano (BZ), 1996.

1.2 R. Cecchi e V. Lima. Concurso para a reordenação do Spreebogen, Berlim, 1994.

1.3 A. Palladio. La Rotonda. Maquete de Giovanni Sacchi, Milão, 1975 (fotografia de arquivo Sacchi).

1.4 Politécnico de Milão. (Laboratorio di progettazione 1 Prof. R. Cecchi, tutor L. Consalez AA 1996-97). Estudantes: G. Banzola, A. Capasso e A. Degiovanni.

1.5 a, b Domus Academy: "Incubators" (curso de mestrado prof. A. Branzi), 1996. Estudante: A. Petrara (fotografia Baldassarri).

1.6 C. Zucchi, P. Citterio e M. Di Nunzio. "Il centro altrove. Periferie e nuove centralità delle aree metropolitane". Trienal de Milão 1995. Maquete realizada pela Tipografia Ambrosiana e Bagatti Bronzisti.

1.7 L. Consalez, U. Pozzi e C. Wolter. Concurso internacional "Cento chiese per Roma 2000", 1994.

1.8 Studio Ga. Pavilhão da Ariston, feira "Confortec" de Paris, 1994 (fotografia Strina).

1.9 R. Piano. Estádio de Bari. Maquete de Giovanni Sacchi, Milão, 1987 (fotografia de arquivo Sacchi).

2.1 P. Nicolin (com S. Calatrava). Projeto para o estádio de Reggio Calabria. Maquete de Giovanni Sacchi, Milão, 1991 (fotografia de arquivo Sacchi).

2.2 A. Rossi e I. Gardella. Teatro Carlo Felice em Gênova. Maquete de Giovanni Sacchi, Milão, 1987 (fotografia arquivo Sacchi).

2.3 Sottsass Associati (E. Sottsass, M. Thun, A. Cibic, M. Zanini, B. Caturegli, G. Formica). Concurso "The peak", Hong Kong, 1983 (fotografia studio Azzurro).

2.4 G. Valle, M. Broggi e M. Burckhardt. Projeto para um estabelecimento Brion Veja em Agrate. Maquete de Giovanni Sacchi, Milão, 1978.

2.5 R. Cecchi e V. Lima. Politécnico de Milão "Progetti per Milano: area del carcere di S. Vittore", 1991.

2.6 R. Cecchi e V. Lima. Piscina municipal em Pioltello (MI), 1997.

2.7 Studio Alter. Projeto para o hospital de Varese, 1996.

2.8 C. Zucchi e F. Tranfa. Seminário de projetos "Prove Generali di progetto per il nuovo millennio", Pisa, 1995.

2.9 R. Koolhaas. Projeto para a reordenação do porto de Gênova, 1997 (fotografia Canola).

2.10 H. Nijric e H. Nijric. Concurso Europan 3 em Den Bosh, 1993.

2.11 S. Boeri, C. Zucchi. Ordenação da Piazza Cadorna para a XIX Trienal de Milão. Os pilares de metal foram realizados em uma oficina, as figuras são de papel, e o fundo é uma retroprojeção de diapositivo sobre papel vegetal. Escala 1:20

2.11 S. Boeri, C. Zucchi, A. Acerbi, J. Palmesino, R. Contrino. Ordenação da Piazza Cadorna para a XIX Trienal de Milão, 1996. Maquete de chapa de magnésio fotogravada, ferro oxidado, alumínio, plexiglas. Realizada por Tipografia Ambrosiana e Bagatti Bronzisti.

2.12 Maquete histórica (1826 – 1834) da cidade de Praga. Museu municipal da cidade de Praga.

2.13 Domus Academy: "Incubators" (curso de mestrado prof. A. Branzi), 1996. Estudante: S. Kanbayashi (fotografia Baldassarri).

2.14 Domus Academy: "Incubators" (curso de mestrado prof. A. Branzi), 1996. Estudante: J. K. Lee (fotografia Baldassarri).

2.15 I. Migliore e M. Servetto. Centro de esportes em Bari, 1996 (fotografia Scaccini).

2.16 Quattro Associati. Maquete de metal para o novo edifício de escritórios da Snam em S. Donato Milanese (MI), 1996.

3.4 L. Consalez, U. Pozzi e P. Valentich. Ampliação de casa de férias em Pag, Croácia, 1995.

4.1 L. Consalez, U. Pozzi e A. Monaco. Projeto de remodelação de uma estufa em Varese, 1997. Cartão pluma e cartão ondulado. Escala 1:50.

4.4 L. Consalez e U. Pozzi. Concurso nacional para projetar um complexo escolar em Piedicastello (TN). 1993. Cartão pluma e cartão ondulado. Escala 1:1.000.

4.9 I. Rubiño. Maquete do bairro Aslago em Bolzano. Seminario internazionale di progettazione, Merano (BZ), 1996. Maquete de cartolinas diversas. Escala 1:5.000.

4.10 C. Zucchi, P. Nicolini e F. Tranfa. Concurso internacional para a zona de Borghetto Flaminio, (Roma). 1995. Maquete de cartolina vegetal cinzenta, cartolina e plexiglas. Escala 1:1.000.

4.11 K. Zillich e L. Consalez. Projeto para Fortezza. Seminario internazionale di progettazione,

Bressanone (BZ), 1995. Maquete de cartolinas diversas. Escala 1:5.000.

4.12 G. Valle e P. Zucchi. Projeto para Bolzano. Seminario internazionale di progettazione, Bressanone (BZ), 1995. Maquete de cartolina. Escala 1:2.000.

4.13 P. Salvadeo. Projeto para Bolzano. Seminario internazionale di progetazzione, Merano (BZ), 1996. Maquete de cartolina. Escala 1:1.000 (fotografia Baroni).

4.14 C. Zucchi e S. Boeri. Ordenação da Piazza Cadorna por ocasião da XIX Trienal de Milão, 1996. Maquete de plástico. Escala 1:200.

5.1 H. Nijric e H. Nijric. Seminario internazionale di progettazione, Merano (BZ), 1996. Maquete de isopor. Escala 1:200.

5.5 G. Valle, M. Broggi e M. Burckhardt. Block 606 em Berlim, 1983. Maquete de cartolina. Escala 1:100 (fotografia de arquivo IBA).

5.8 Studio Gardella. Concurso para o Teatro La Fenice. 1997. Maquete de madeira (ateliê de L. Serafin). Escala 1:50. Fotografia Giorcelli.

5.13 I. Migliore e M. Servetto. Vila em Besana Brianza (MI), 1992. Maquete de cartão e cartolina. Escala 1:100.

5.14 L. Consalez, U. Pozzi e P. Valentich. Ampliação de casa de férias em Pag, Croácia, 1995. Maquete de cartolina e plásticos acabada com têmpera em spray. Escala 1:50.

5.21 Maquete de igreja em Como. Maquete de madeira de G. Sacchi. Escala 1:100.

5.22 Quattro Associati. Edifício de habitação em Viadana (MN), 1992. Maquete de madeira e cartolina. Escala 1:20.

5.23 ISAD (Istituto Superiore di Architettura e Design). Estudo interpretativo da Galeria Goetz de Herzog e De Meuron. (Curso de representação prof. L. Consalez). 1995-96. Estudante: A. Jinguji. Maquete de cartolina e plástico. Escala 1:100.

5.30 C. Zucchi e P. Nicolini. Concurso Europan 3 em Turim, Piazza Sofia, 1993. Maquete de madeira, cobre oxidado, chapa de zinco fotogravado e plexiglas. Escala: 1:200.

5.31 Maquete de um edifício de habitação para uma imobiliária, 1996. Maquete de cartão pluma e poliestireno pintado com tinta plástica. Escala 1:50.

5.36 G. Valle, M. Broggi e M. Burckhardt. Concurso para o Rosmarincarré em Merlim, 1993. Maquete de plástico (poliestireno). Escala 1:200 (fotografia Strina).

5.37 M. Sestito. Seminario internazionale di progettazione, Merano (BZ), 1996. Maquete de cartolina. Escala 1:200.

6.6 Maquete de um edifício de habitação para uma imobiliária, 1996. Maquete de cartão pluma e poliestireno pintado com tinta plástica. Escala 1:50.

6.11 M. Broggi e M. Burckhardt. Creche em Milão, 1988. Maquete de cartolina. Escala 1:100 (fotografia Ballo).

6.12 Maquete de estudo de uma arcada. 1989. Maquete de cartão pluma e cartolina. Escala 1:50.

6.18 R. Cecchi e V. Lima. Piscina municipal de Pioltello (MI), 1997. Cobertura de chapa metálica. Escala 1:500.

6.20 G. Valle, M. Broggi e M. Burckhardt. Concurso para o Rosmarincarré em Berlim, 1993. Maquete de plástico (poliestireno). Escala 1:200 (fotografia Strina).

6.24 L. Consalez, U. Pozzi e P. Valentich. Ampliação de casa de férias em Pag, Croácia, 1995. Cobertura de metal e plástico acabada com têmpera em spray. Escala 1:50.

7.1 G. Valle, M. Broggi e M. Burckhardt. Concurso para o Rosmarincarré em Berlim, 1993. Maquete de plástico (poliestireno). Escala 1:200 (fotografia Strina).

7.3 L. Consalez, U. Pozzi e P. Valentich. Ampliação de casa de férias em Pag, Croácia, 1995. Maquete de plástico e cartolina acabada com têmpera em spray. Escala 1:50.

7.8 L. Consalez, U. Pozzi. Vitrina de uma joalharia, 1997. Maquete de cartão pluma, plexiglas e cartolina. Escala 1:20.

7.9 Vidraça interior de um apartamento, 1993. Escala 1:10.

7.11 L. Consalez, U. Pozzi e A. Monaco. Projeto de remodelação de uma estufa em Varese, 1997. Cartão pluma e cartão ondulado. Escala 1:50.

8.1 G. Valle, M. Broggi e M. Burckhardt. Concurso para o Rosmarincarré em Berlim, 1993. Maquete de plástico (poliestireno). Escala 1:200 (fotografia Strina).

8.4 Domus Academy: "Incubators" (curso de mestrado prof. A. Branzi), 1996. Estudante: A. Petrara. Maquete de plásticos e papel. Escala 1:100 (fotografia Baldassarri).

8.6 L. Consalez e U. Pozzi. Casa em Venticano (BN), 1995.

Fontes das ilustrações

Maquete de cartão pluma, madeira e cartolina. Escala 1:100.

8.9 a e b ISAD (Istituto Superiore di architettura e Design). Revestimento de pedra e acrílico (a) e folha de lixa (b). (Curso de Representação prof. L. Consalez). 1997-98. Estudante: Lee Hye Jin. Escala 1:100.

8.10 ISAD (Istituto Superiore di architettura e Design). Estudo interpretativo da Galeria Goetz de Herzog e De Meuron. (Curso de Representação prof. L. Consalez). 1995-96. Estudante: A. Jinguji. Maquete de cartolina e plástico. Escala 1:100.

8.15 L. Consalez, U. Pozzi e P. Valentich. Ampliação de casa de férias em Pag, Croácia, 1995. Maquete de plástico e cartolina acabada com têmpera em spray. Escala 1:50.

9.1 e 9.2 Quattro Associati. Concurso nacional de projeto para um complexo escolar em Piedicastello (TN),1993. Maquete de madeira. Escala 1:50.

9.3 Politécnico de Milão. Casa em Osmate de U. Riva. (Curso de Mobiliário, prof. G. Ottolini. AA 1990-91) Estudantes: C. Noorda e R. Baroni. Maquete de cartolina, madeira e plexiglas. Escala 1:50.

9.4 I. Migliore e M. Servetto. Miniapartamento em Milão, 1993. Maquete de madeira, resina, cartão, acrílico. Escala 1:20 (fotografia Fais).

9.5 Quattro Associati. Projeto de vitrinas para a exposição itinerante da joalharia Bulgari. Escala 1:20.

9.13 Politécnico de Milão. Casa em Osmate de U. Riva. (Curso de Mobiliário, prof. G. Ottolini. AA 1990-91) Estudantes: C. Noorda e R. Baroni. Maquete de cartolina, madeira e plexiglas. Escala 1:50.

9.15 L. Consalez e U. Pozzi. Maquete do interior. Cartão pluma, madeira e cartolina. Escala 1:20.

9.16 L. Consalez, U. Pozzi e C. Wolter. Concurso internacional "Cento chiese per Roma 2000". 1994. Maquete do interior de plástico e cartão pluma. Escala 1:50.

10.1 Domus Academy: "Incubators" (curso de mestrado prof. A. Branzi), 1996. Estudante: S. Kanbayashi. Maquete de plásticos e MDF. Escala 1:100. (fotografia Baldassarri).

10.2 H. Nijric e H. Nijric. Concurso Europan 3 em Den Bosh, 1993. Escala 1:500.

10.3 ISAD (Istituto Superiore di Architettura e Design). Maquete de um jardim de sal, cartolina e cola vinílica. (Curso de Desenho de Espaços Abertos e Jardins prof. L. Consalez AA. 1996-97). Estudantes: C. Young Ae, J. Youn Ei e S. Su Young. Escala 1:200.

10.4 Concurso Europan em Cremona, 1996. Maquete de isopor, papel e plástico. Escala 1:5.000.

10.5 L. Consalez e U. Pozzi. Restaurante em Porto Ceresio, 1995. Maquete de plástico. Escala 1:100.

10.6 Maquete de plástico e cartão pluma, acabada com têmpera em spray. Escala 1:50.

10.18 Domus Academy: "Incubators" (curso de mestrado prof. A. Branzi), 1996. Estudante: S. Kanbayashi. Maquete de plásticos e MDF. Escala 1:100. (fotografia Baldassarri).

10.19 L. Consalez e U. Pozzi. Concurso nacional de projeto para um complexo escolar em Piedicastello (TN),1993. Maquete de cartolina colorida. Escala 1:1.000.

10.22 C. Zucchi, P. Nicolini e A. Acerbi. Projeto de infra--estruturas para o novo porto recreativo e de reabilitação da frente do canal em Casal Borsetti (RN), 1994. Maquete realizada por Bagatti Bronzisti (partes de metal) de cobre oxidado, cobre, cartolina vegetal cinzenta e balsa. Escala 1:500.

11.3 Domus Academy: "Incubators" (curso de mestrado prof. A. Branzi), 1996. Estudante: S. Kanbayashi. Maquete de plásticos e MDF. Escala 1:100.

11.5 ISAD (Istituto Superiore di Architettura e Design). Maquete de um jardim de papel e cartolina. (Curso de Desenho de Espaços Abertos e Jardins prof. L. Consalez AA. 1996-97). Estudantes: S. Martinola, A. Rojano Sotomayor e C. Rolfini. Escala 1:200.

11.8 G. Valle, M. Broggi e M. Burckhardt. Projeto para um estabelecimento Brion Vega em Agrate. Maquete de Giovanni Sacchi, Milão, 1978.

11.9 Studio Ga. Concurso internacional de idéias para a reordenação do Spreebogen em Berlim, 1992. Árvores de espuma de poliuretano. Escala 1:1.000.

11.10 C. Zucchi e A. Vigand. Casa unifamiliar em Abbiategrasso (MI), 1994. Maquete realizada pelo ateliê 2G com peças de madeira, plexiglas e árvores de madeira. Escala 1:100.

11.11 M. Broggi e M. Burckhardt. Asilo em Milão, 1988. Maquete de cartolina. Árvores de esponja vegetal. Escala 1:100. (fotografia Ballo).